Este Libro Para Colorear Pertenece A:

....

Fecha:

....

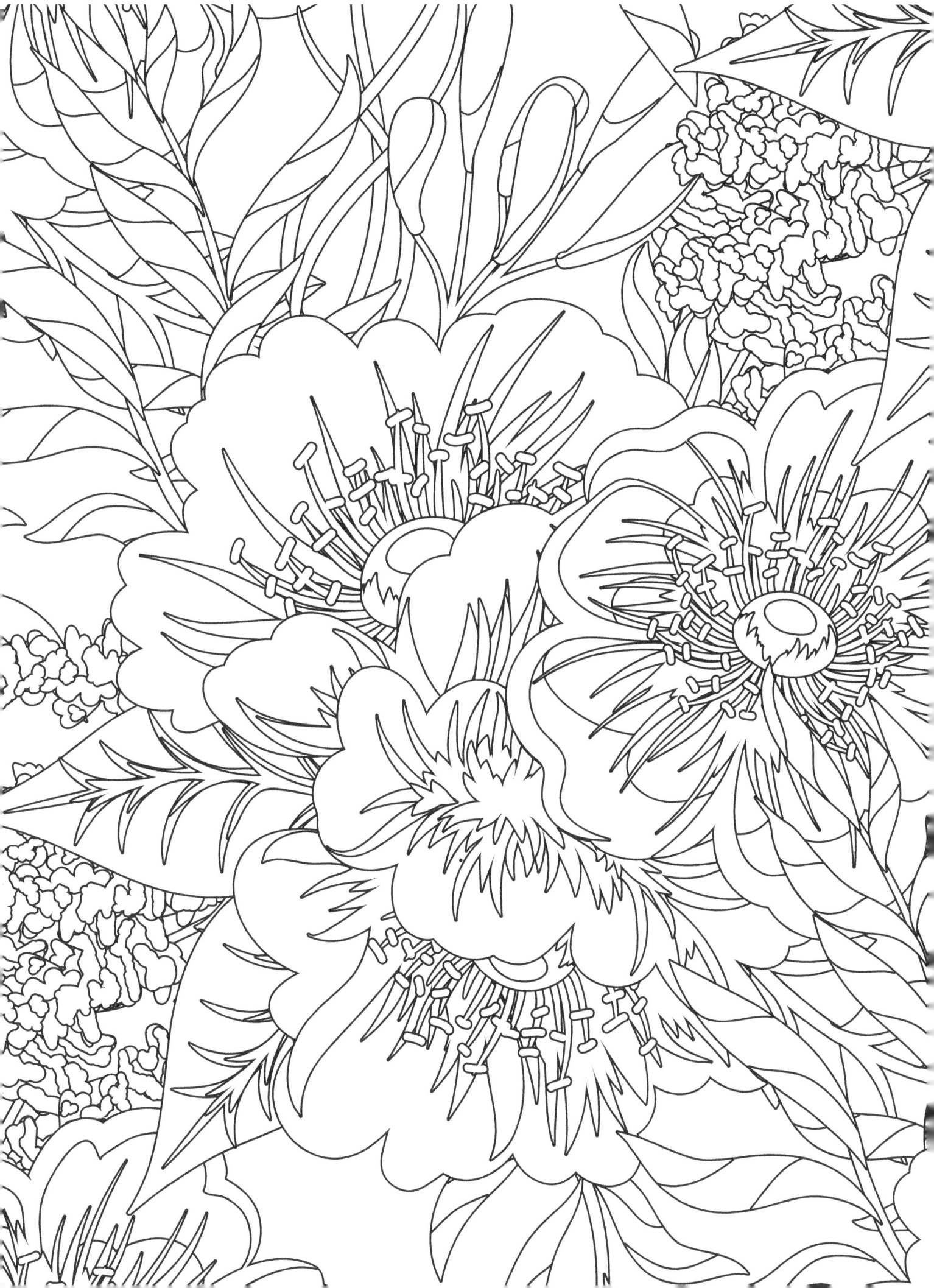

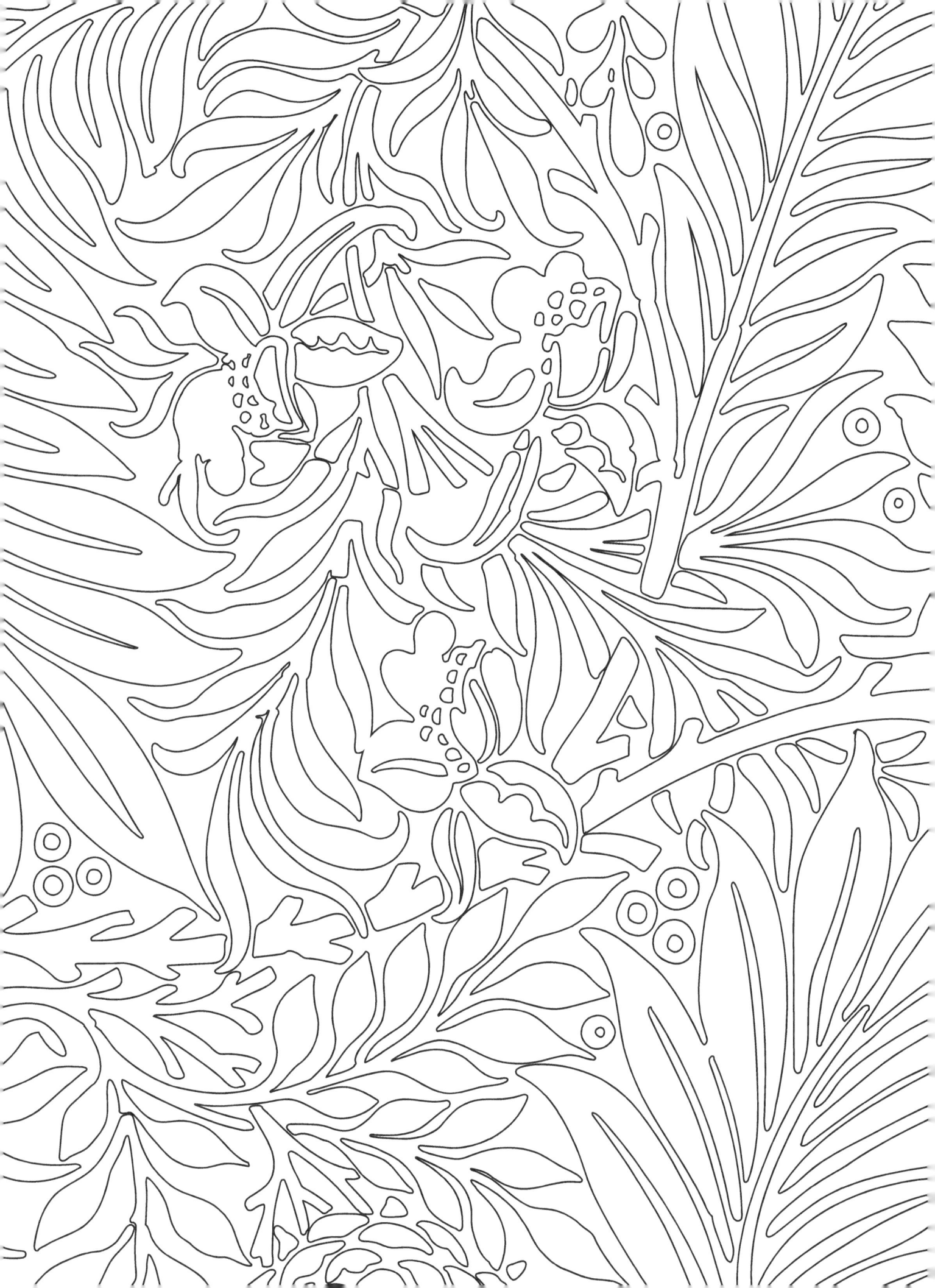

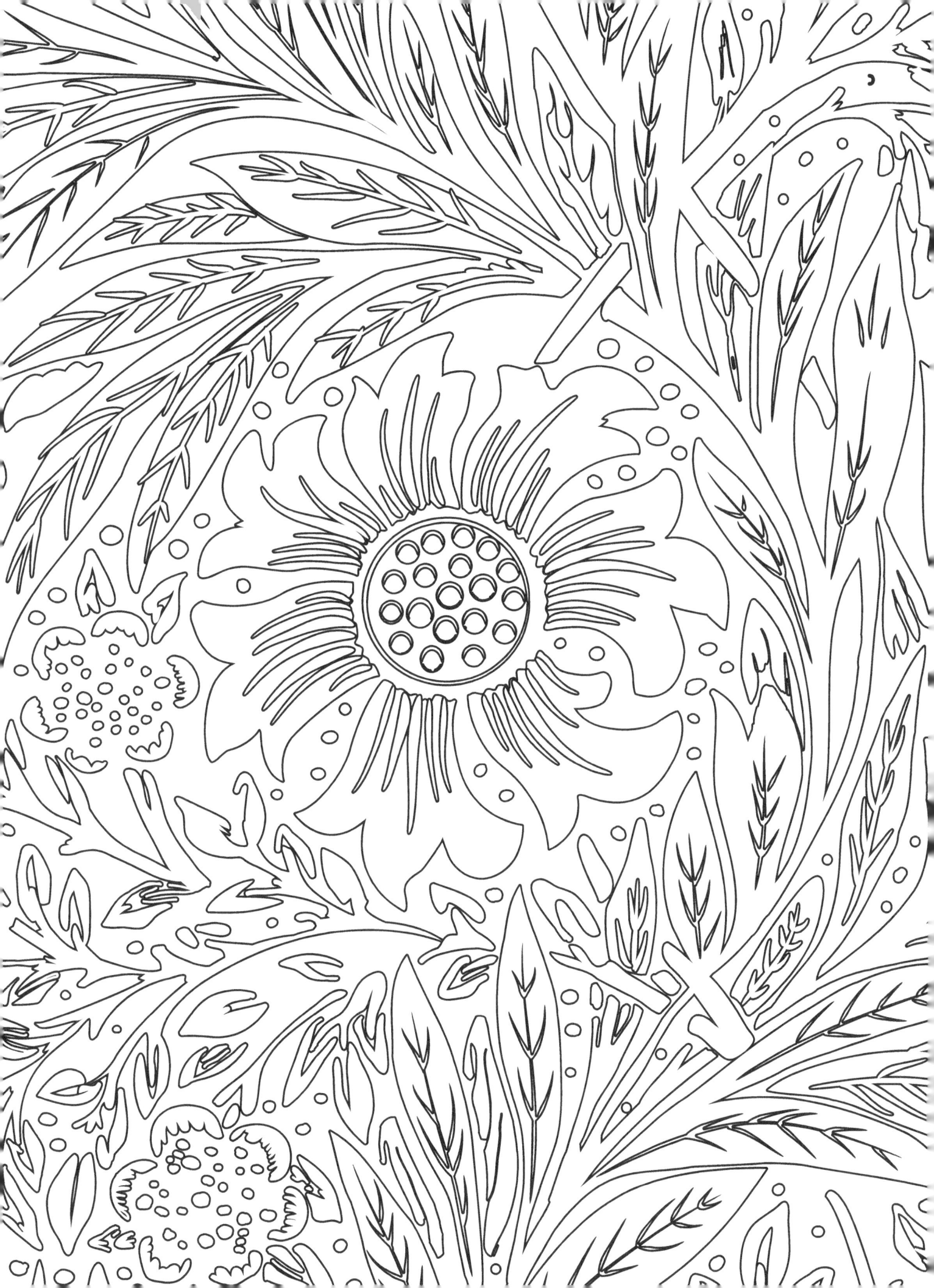

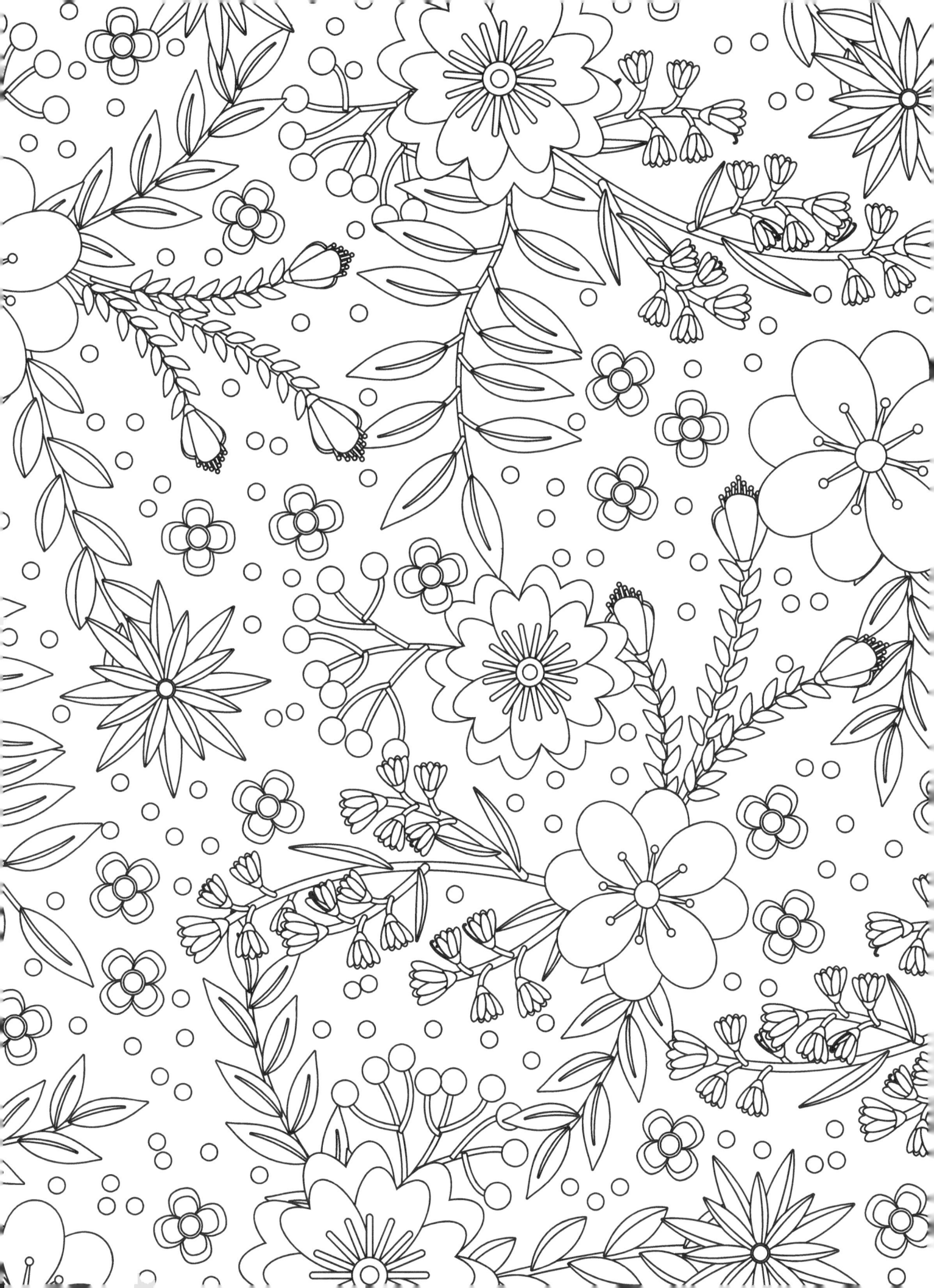

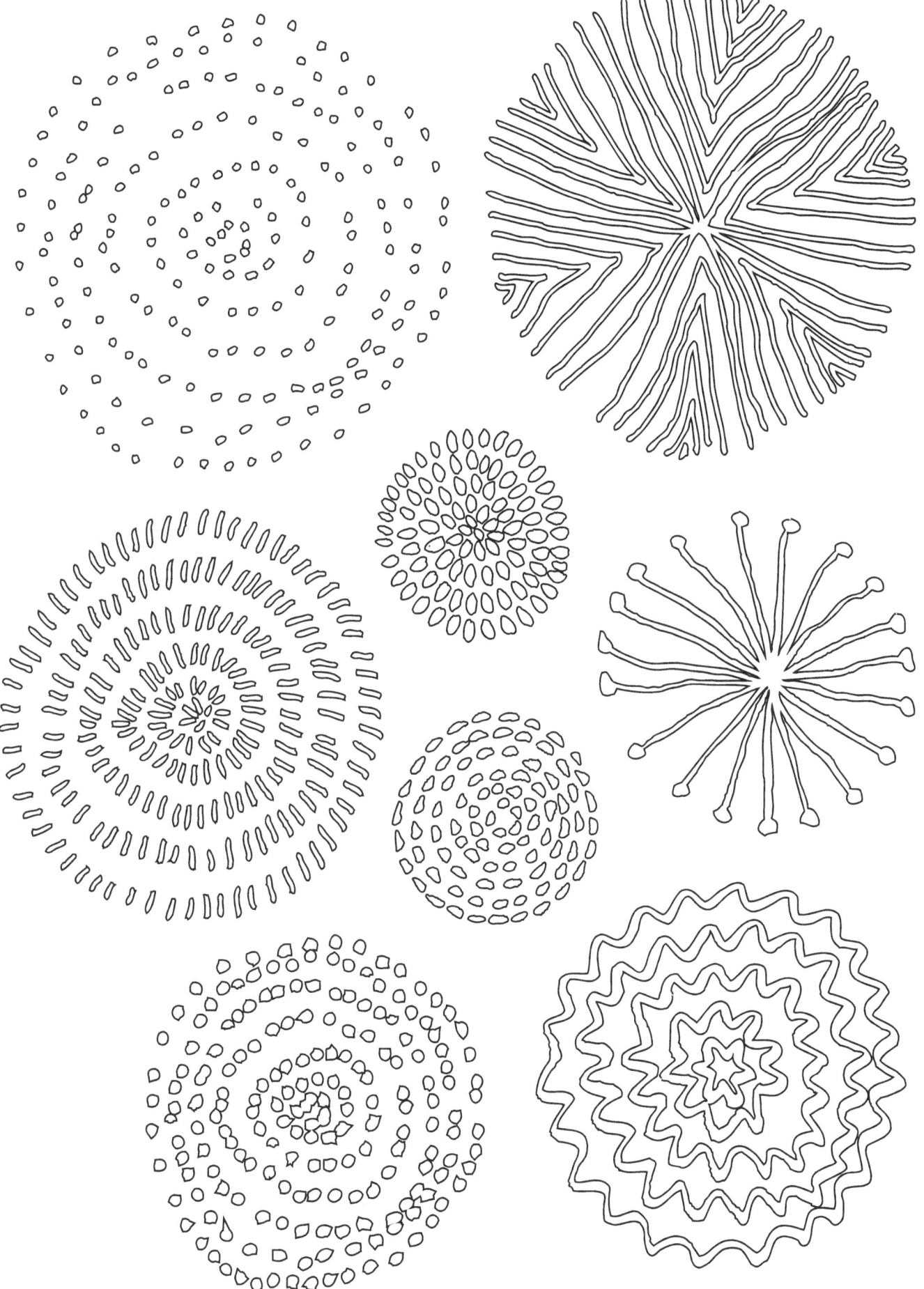

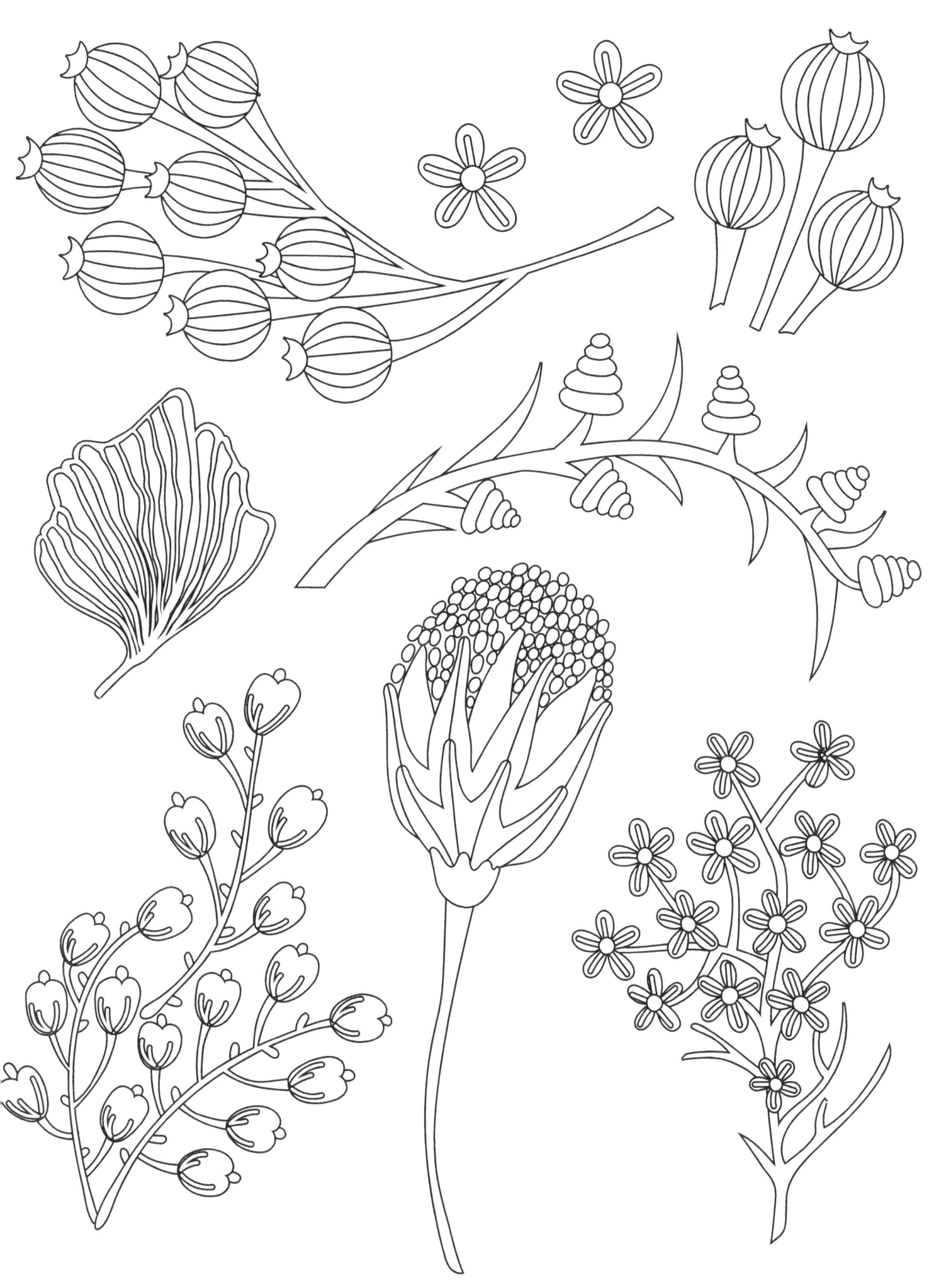

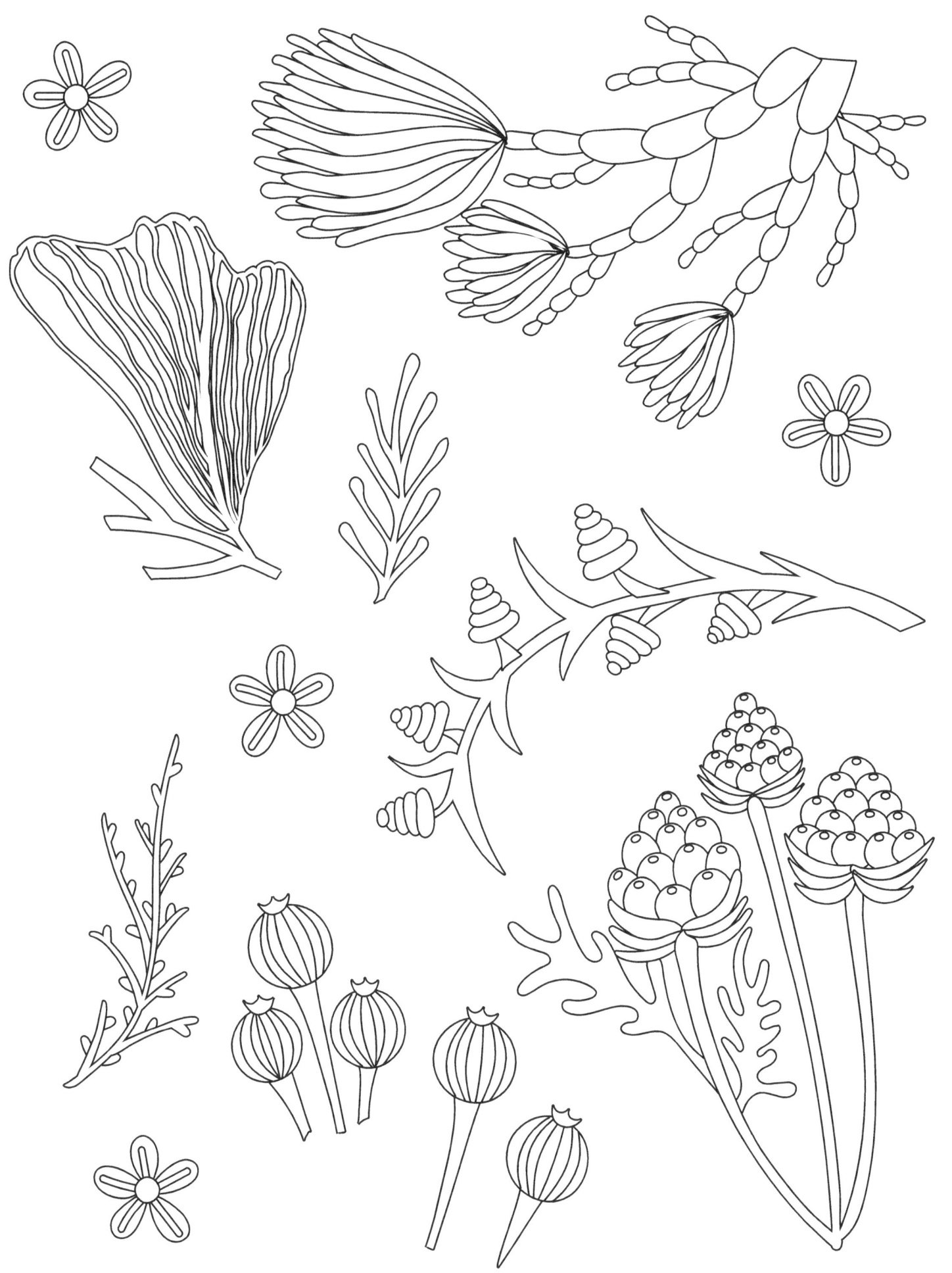

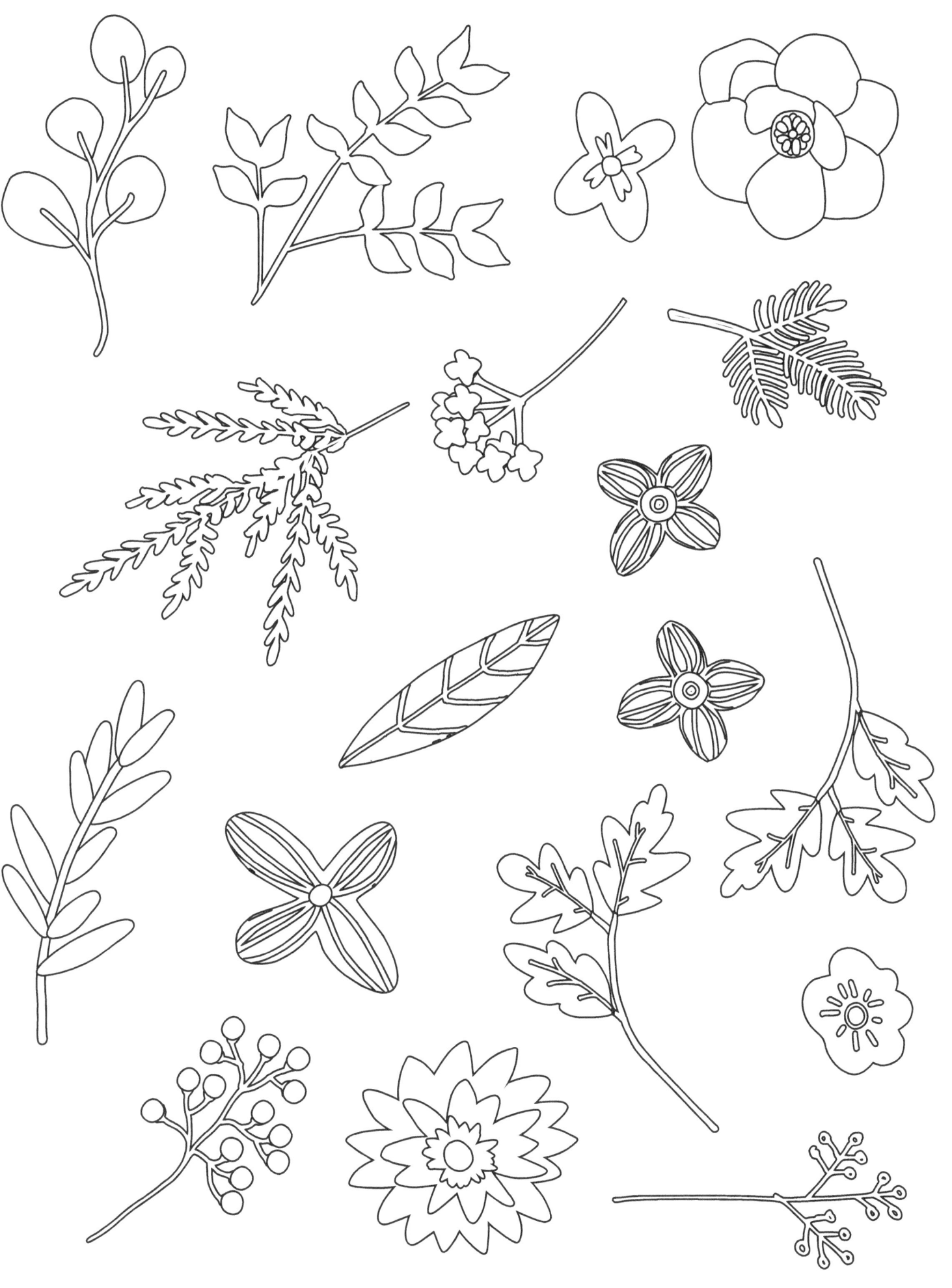

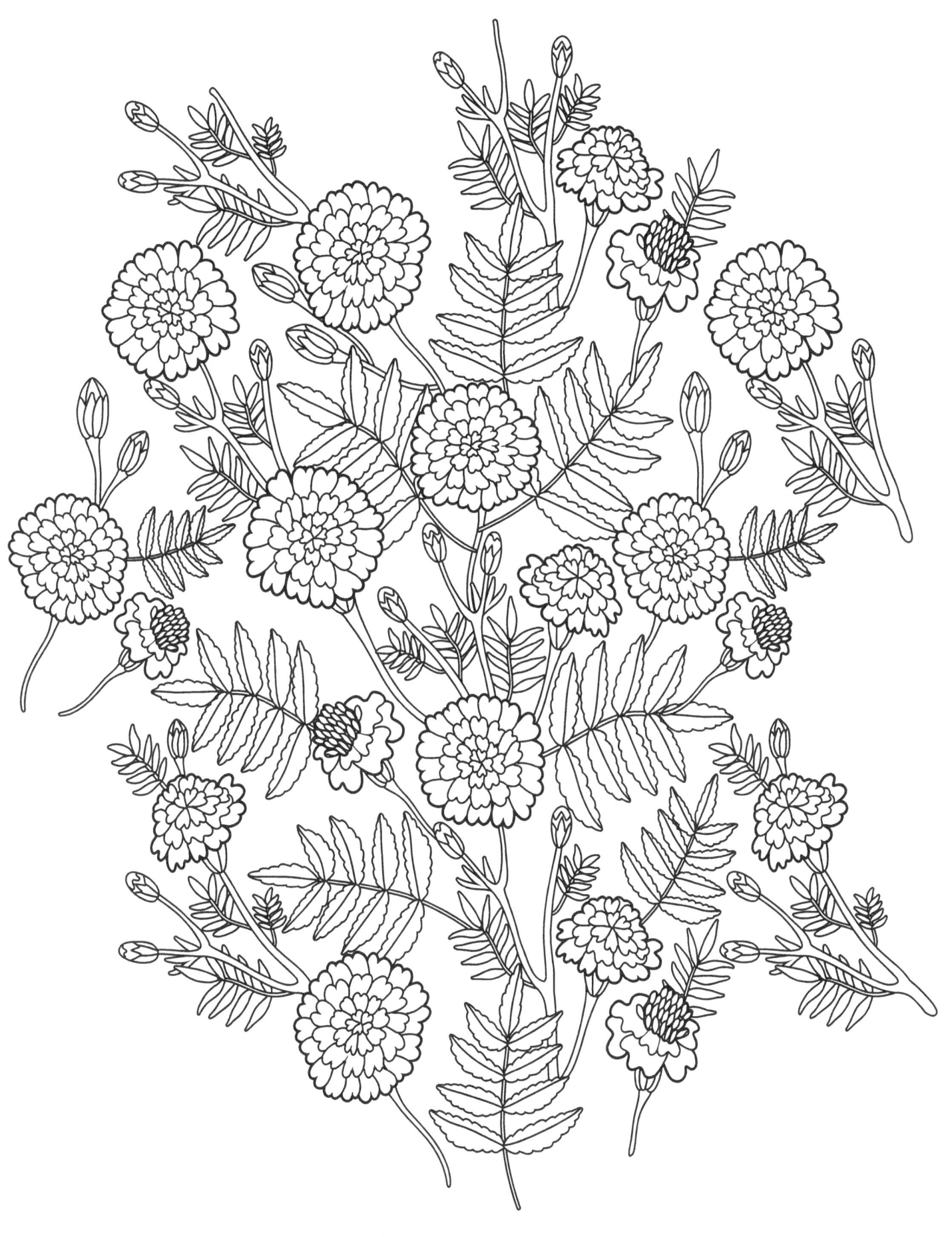

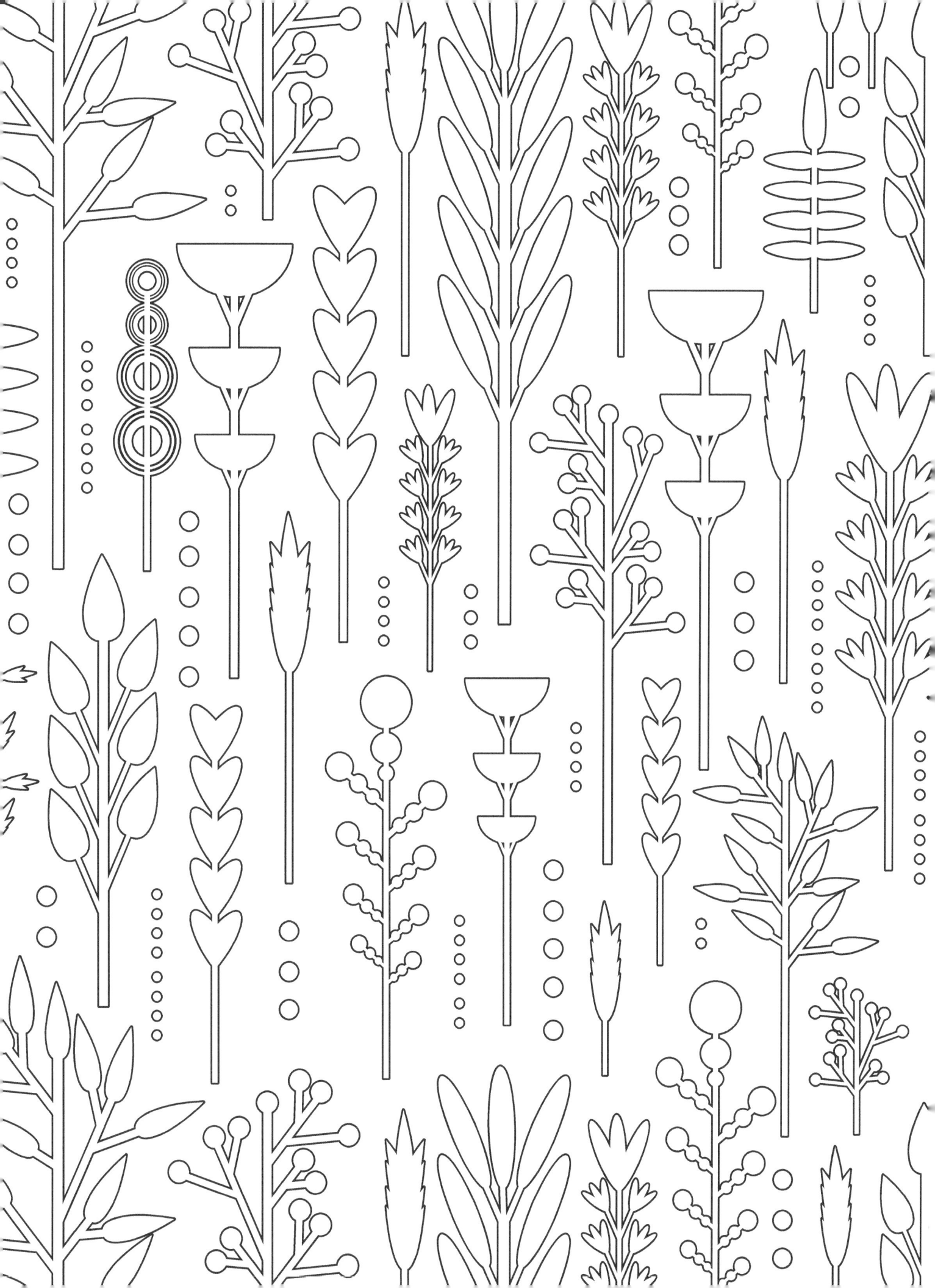

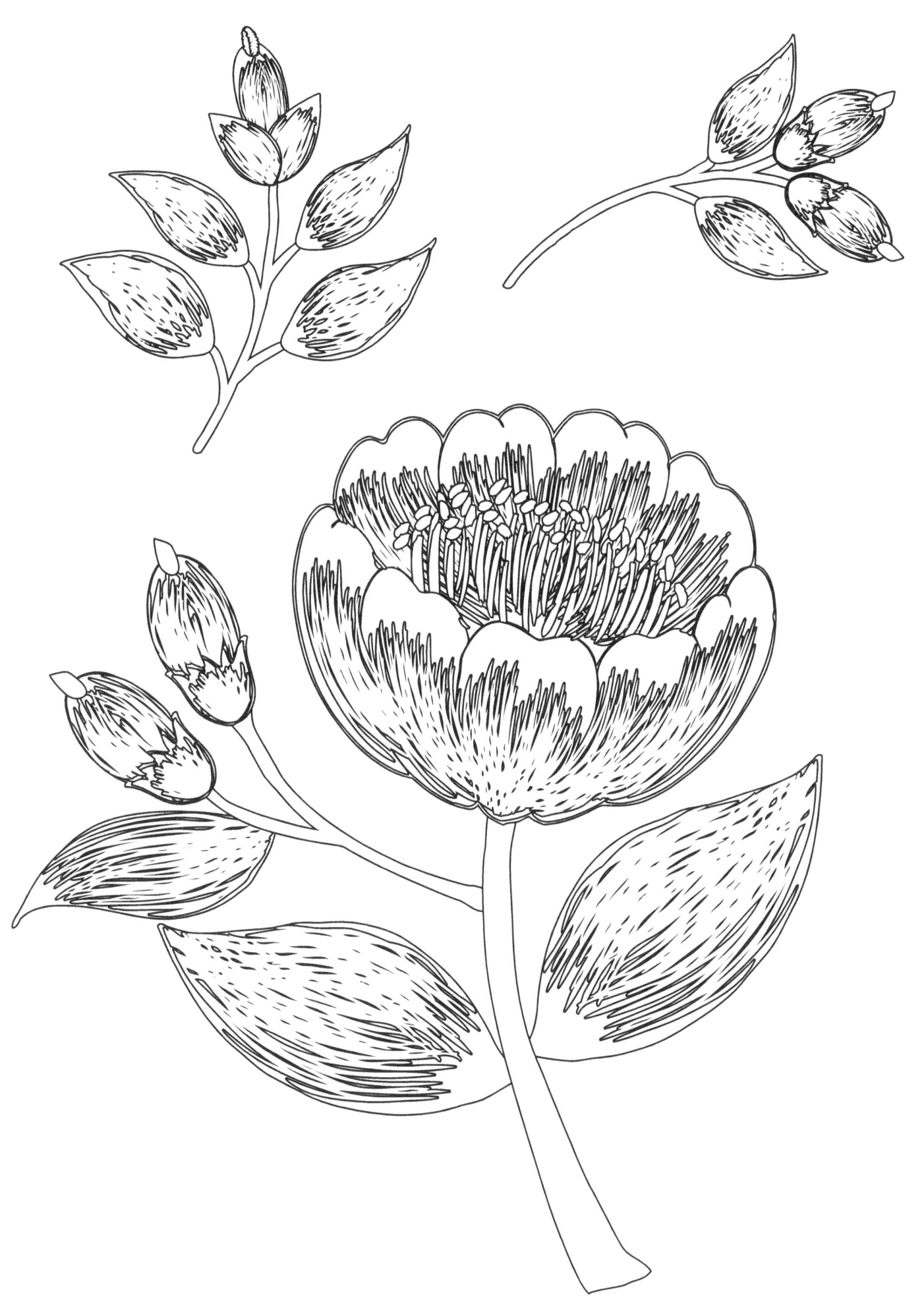

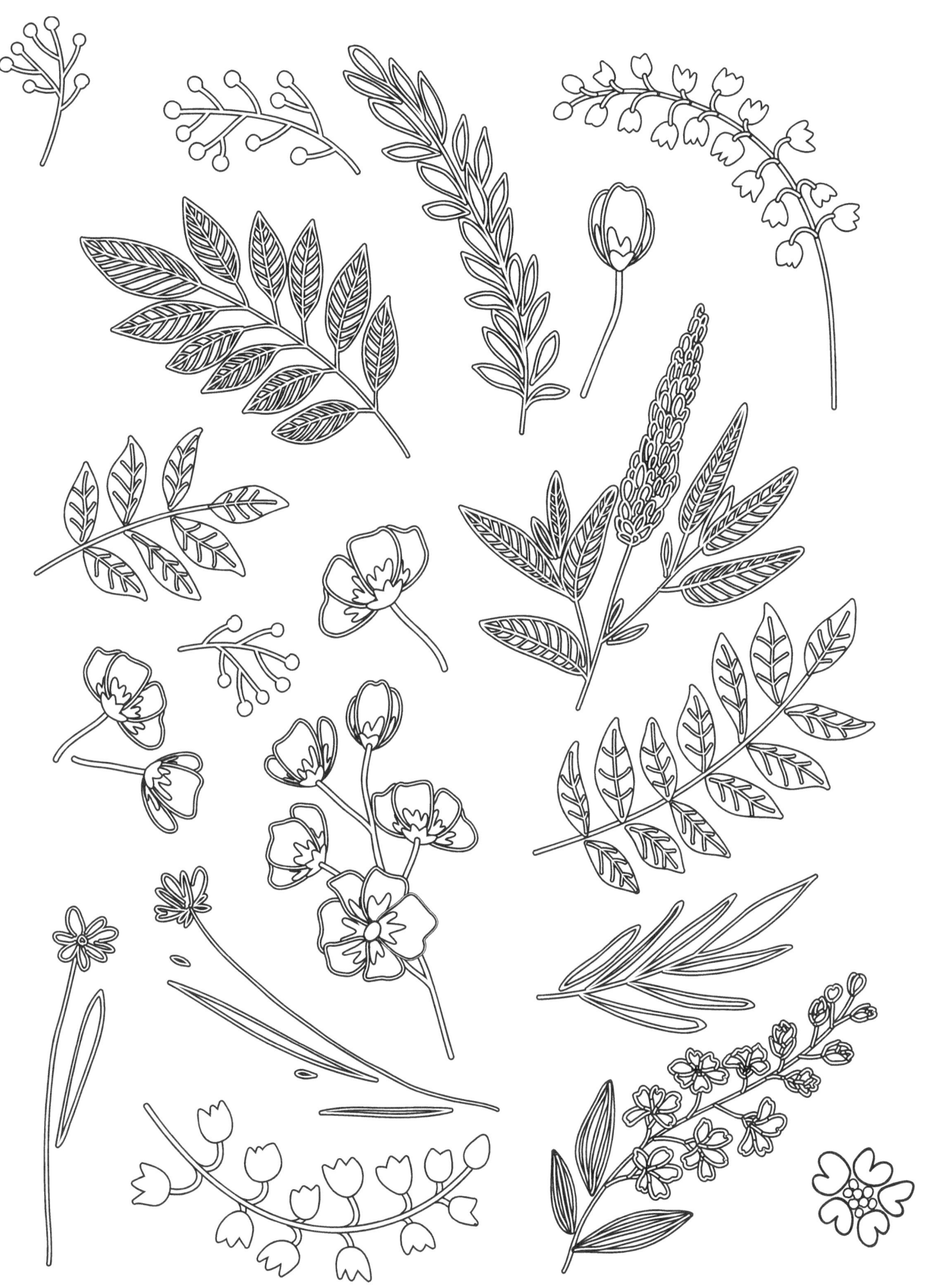

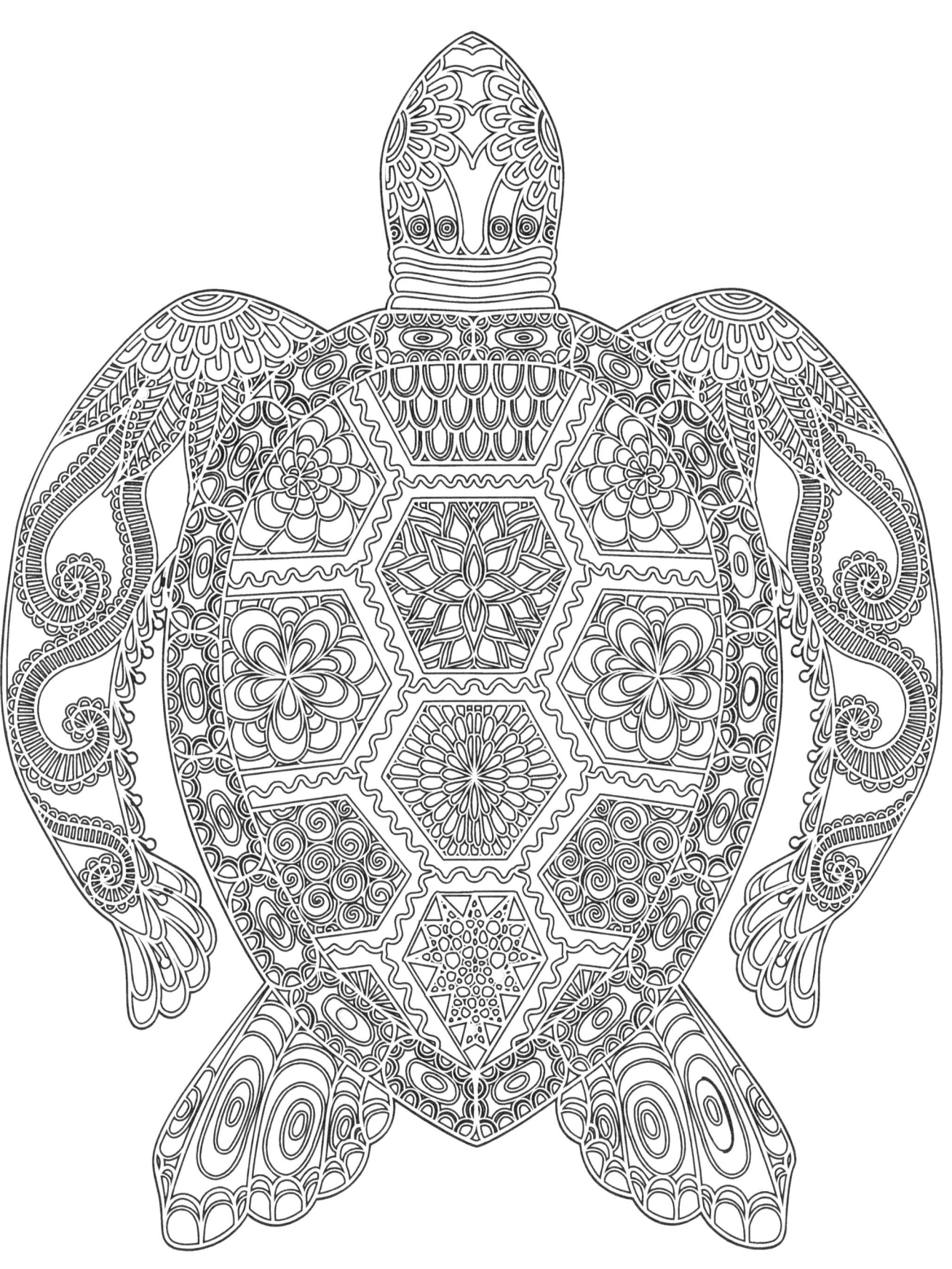

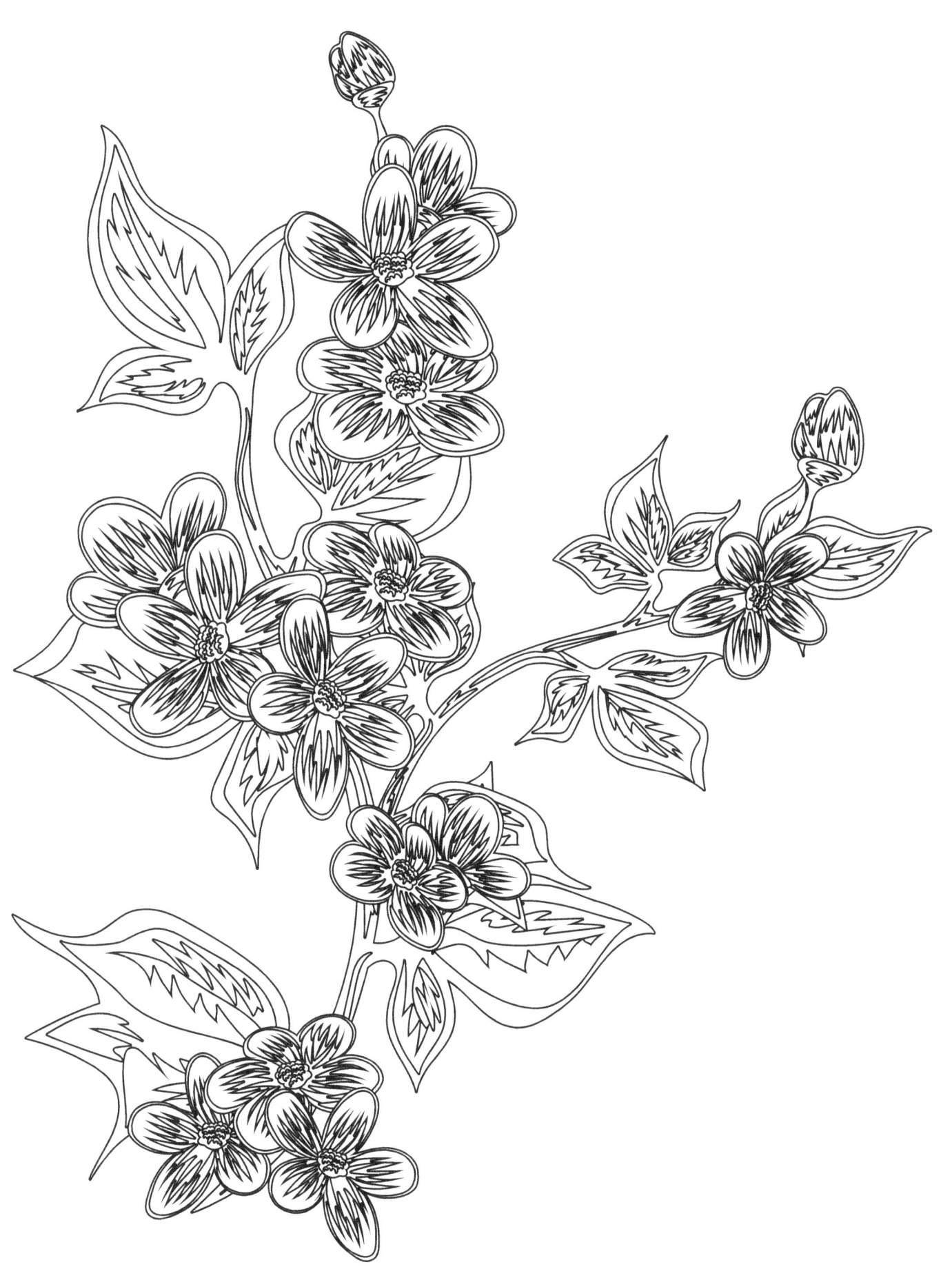

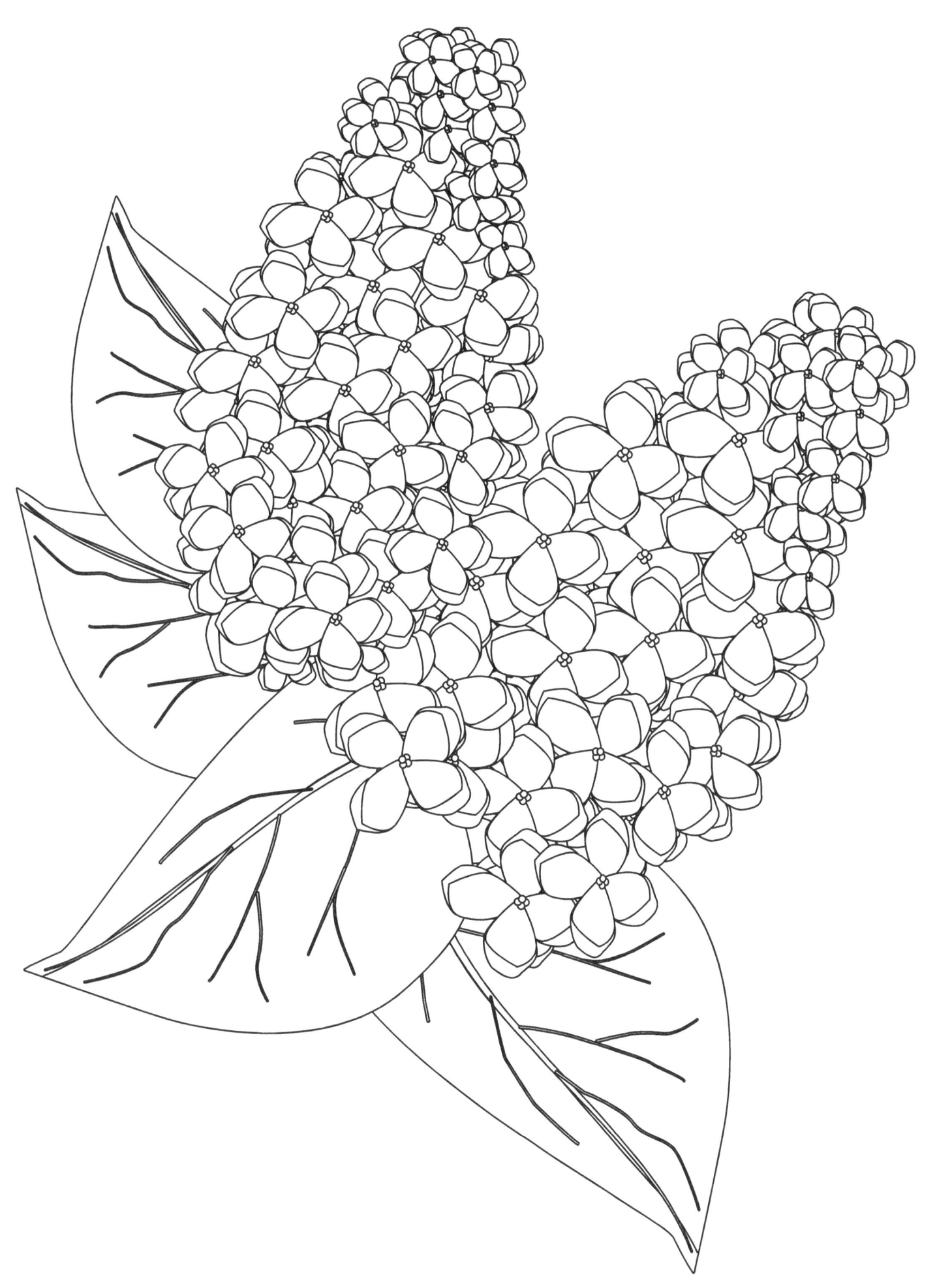

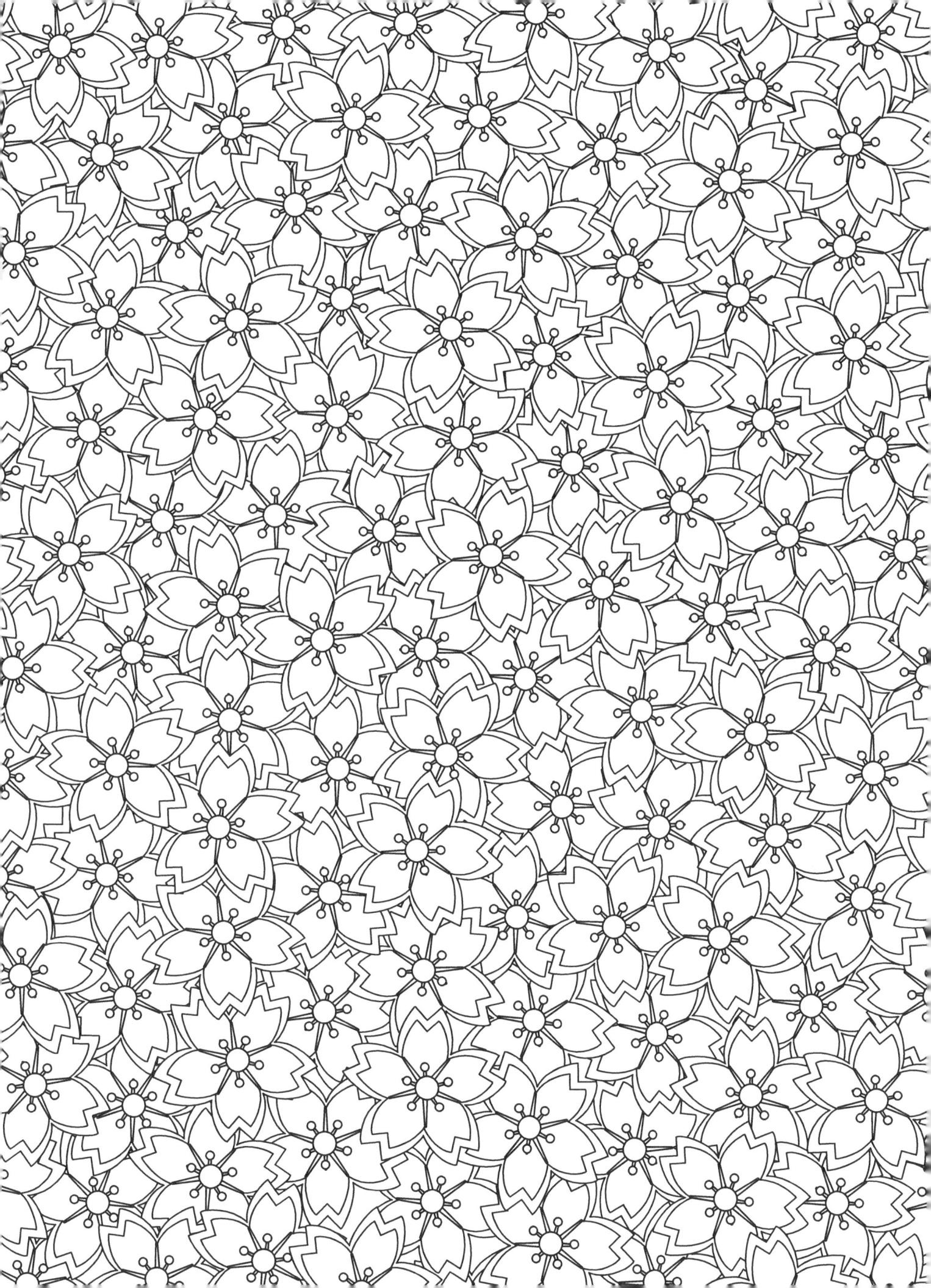

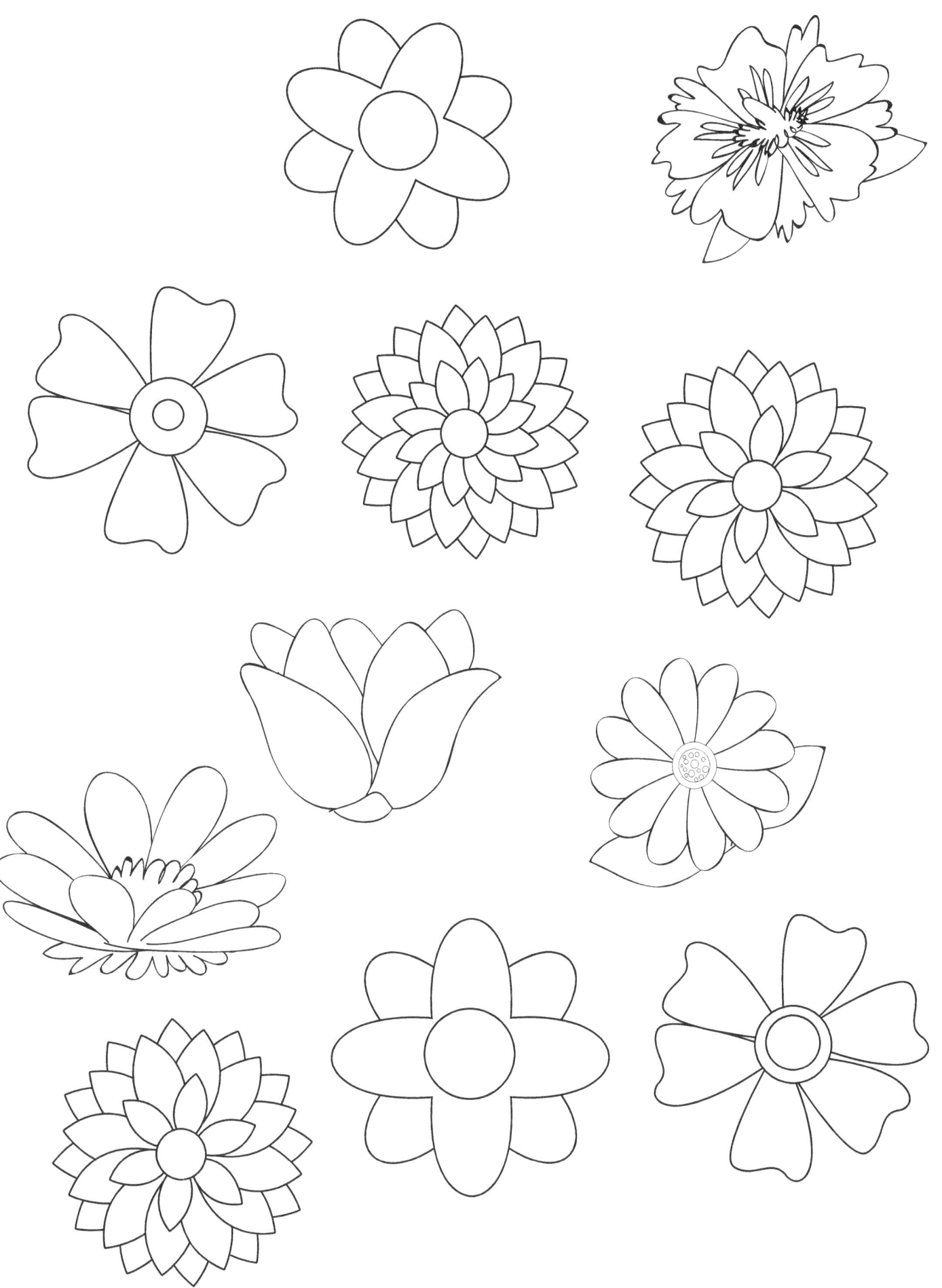

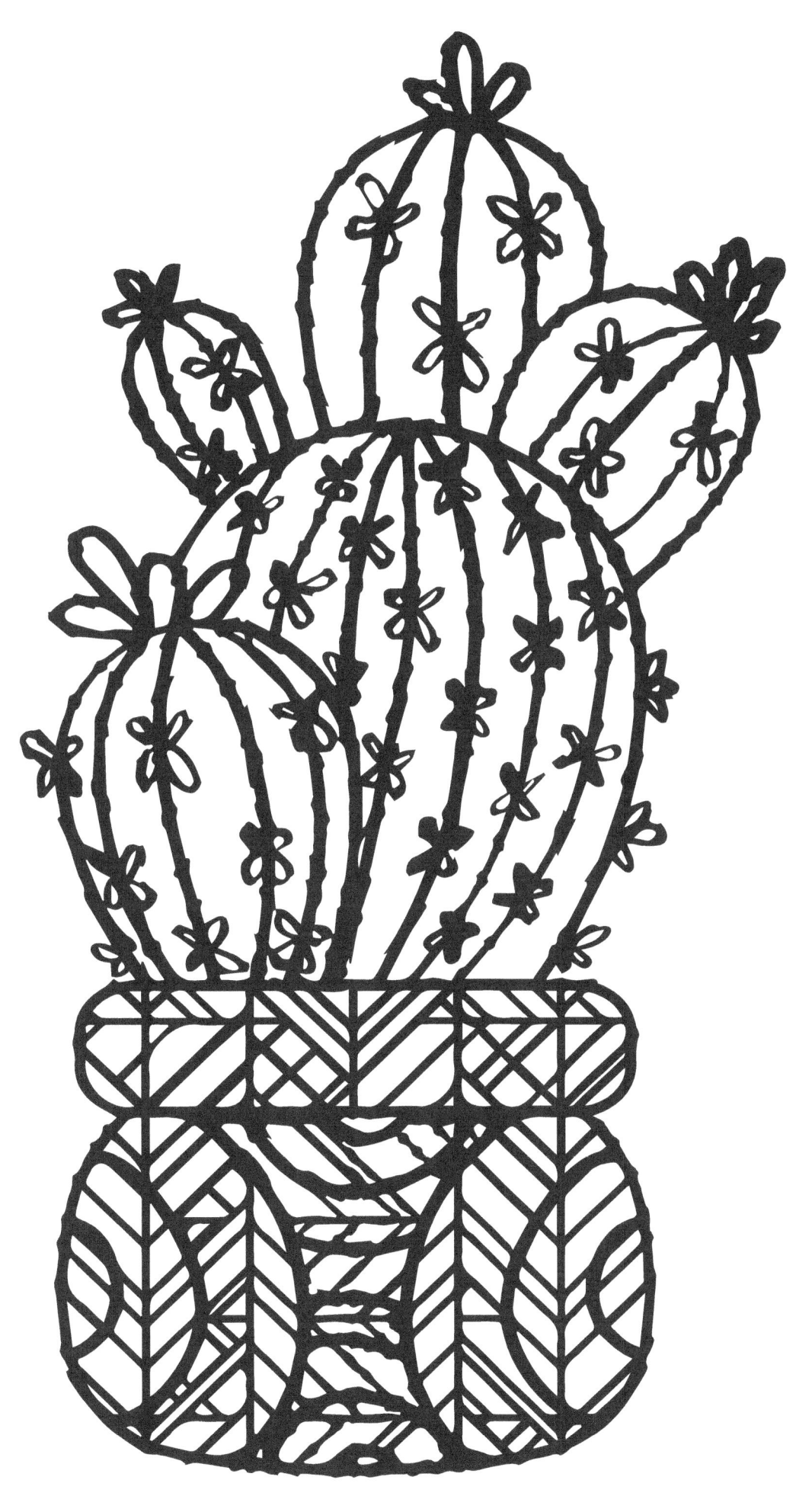

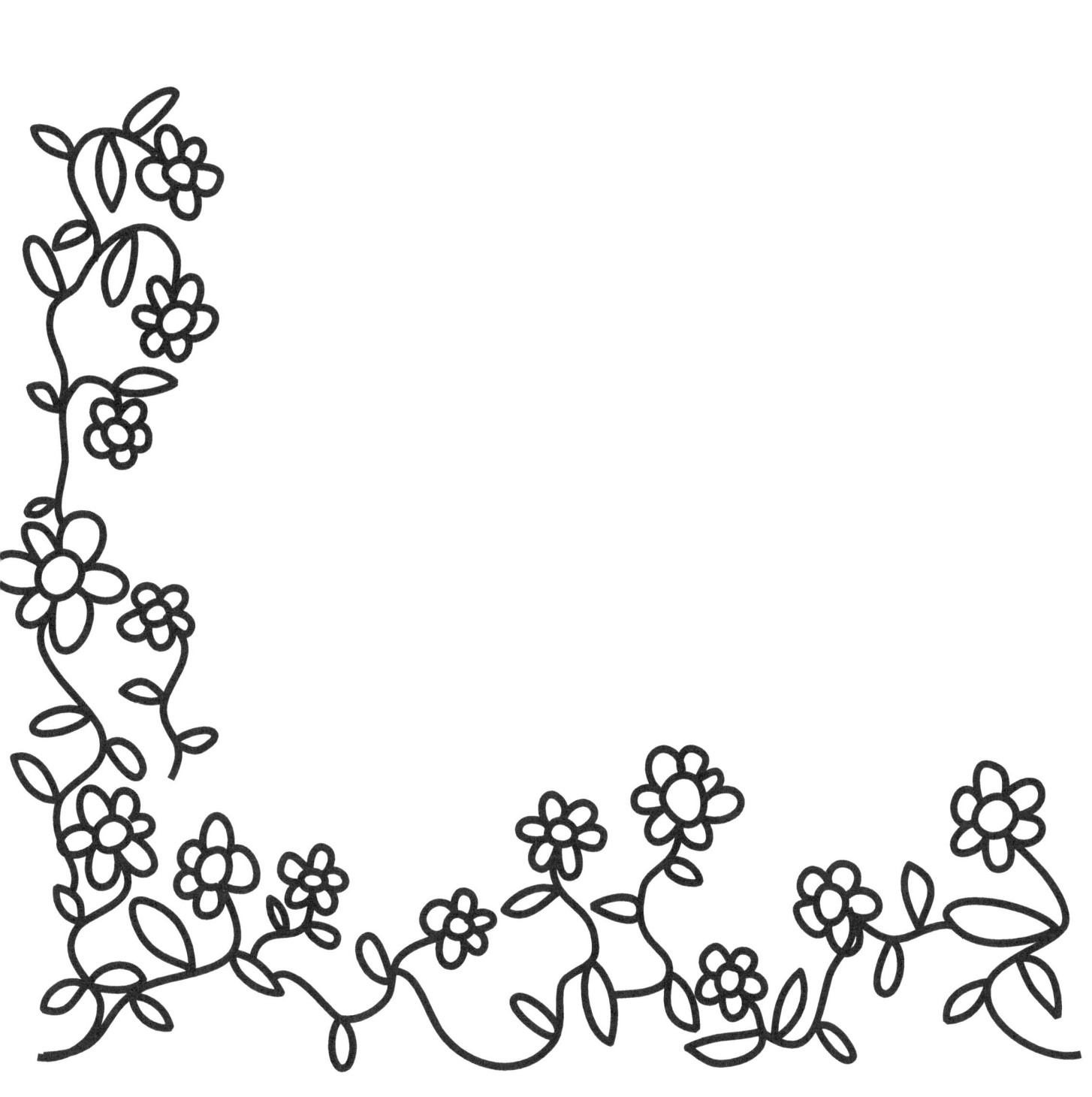

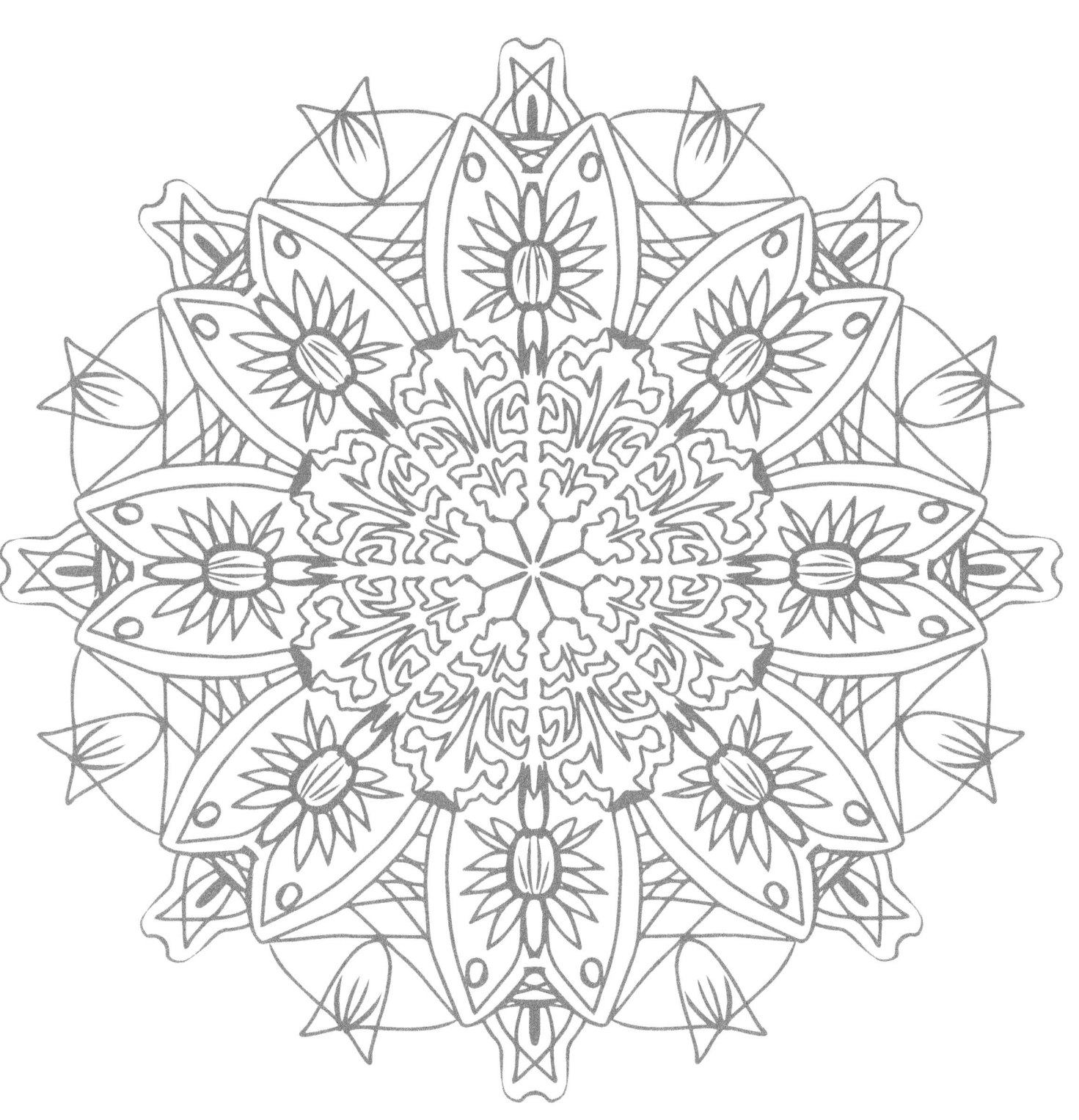

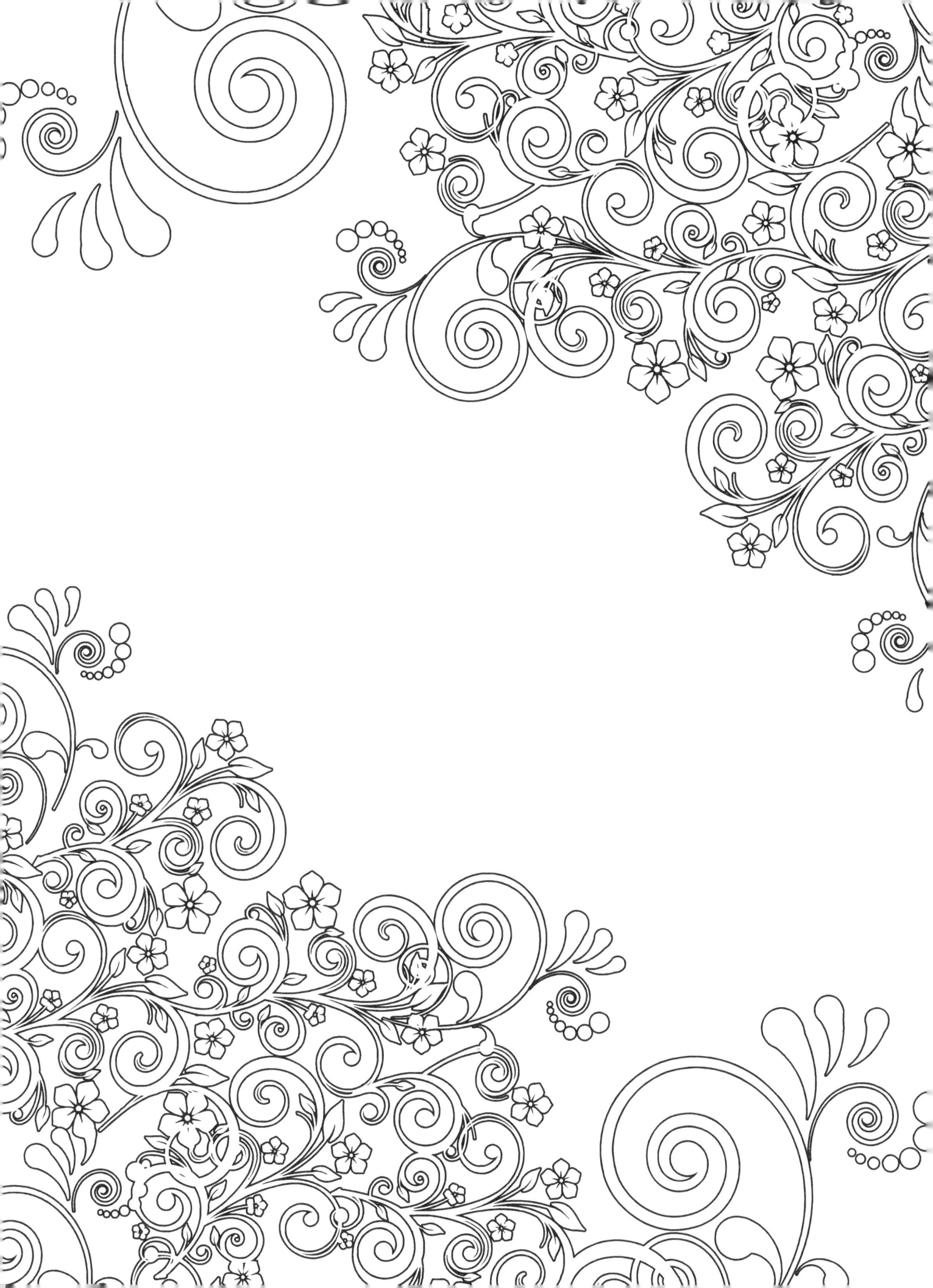

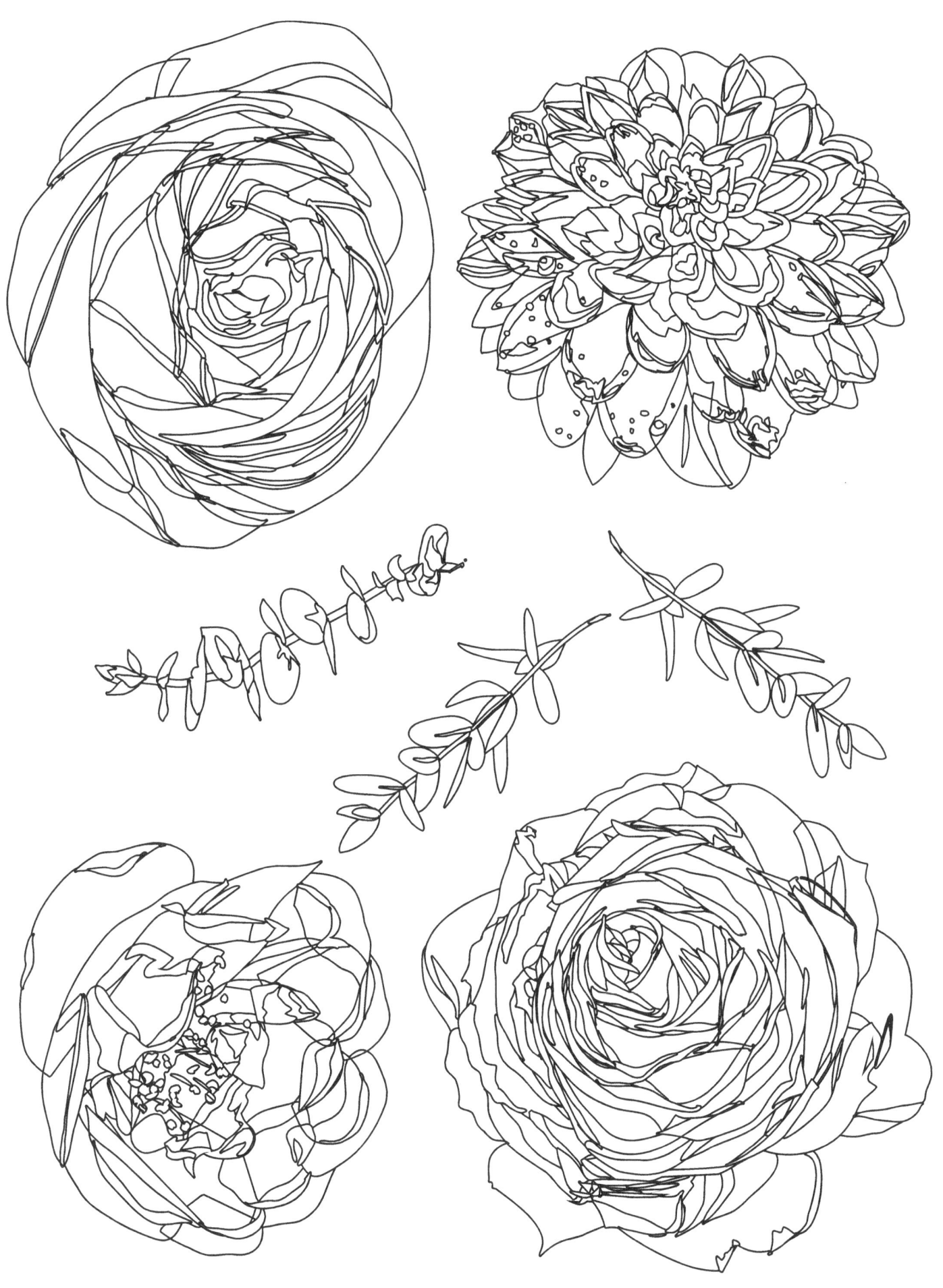

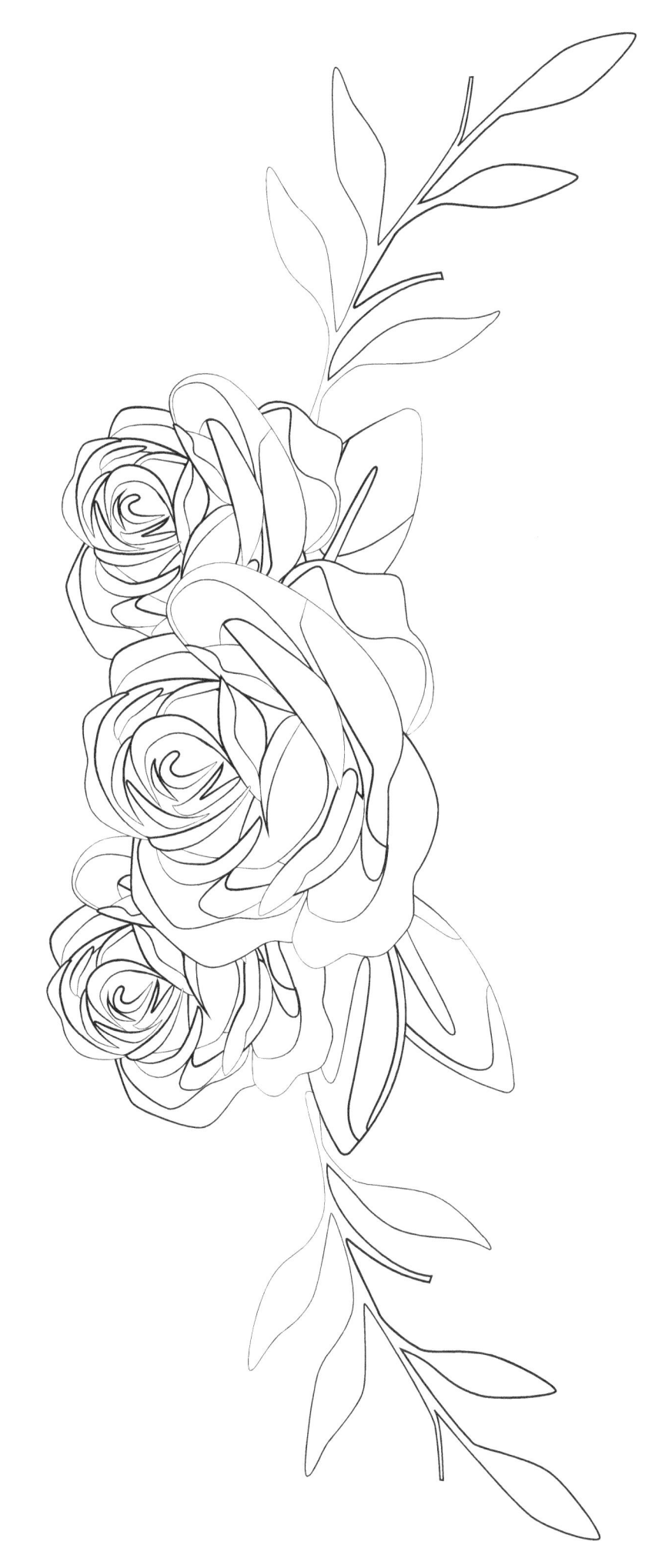

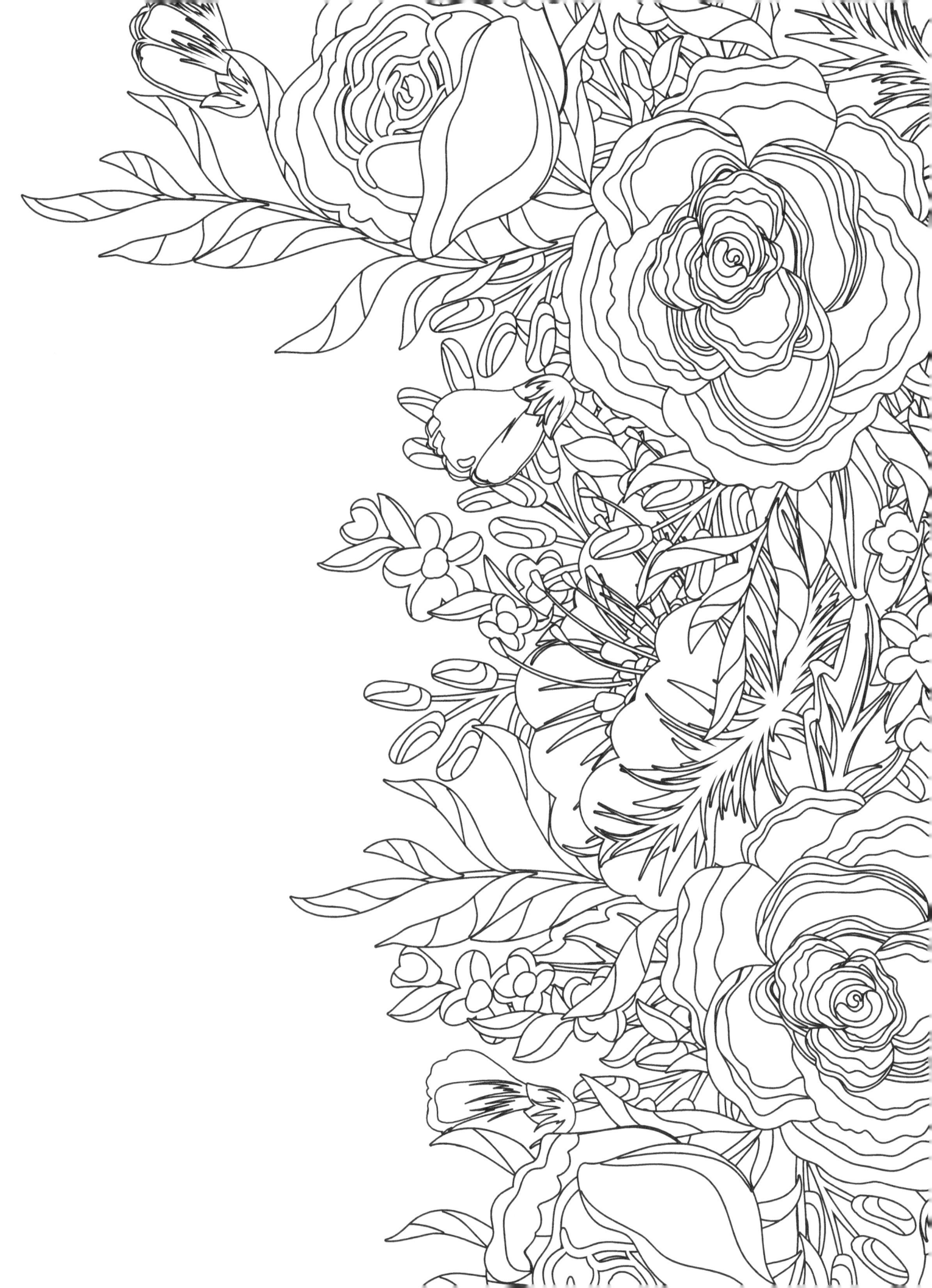

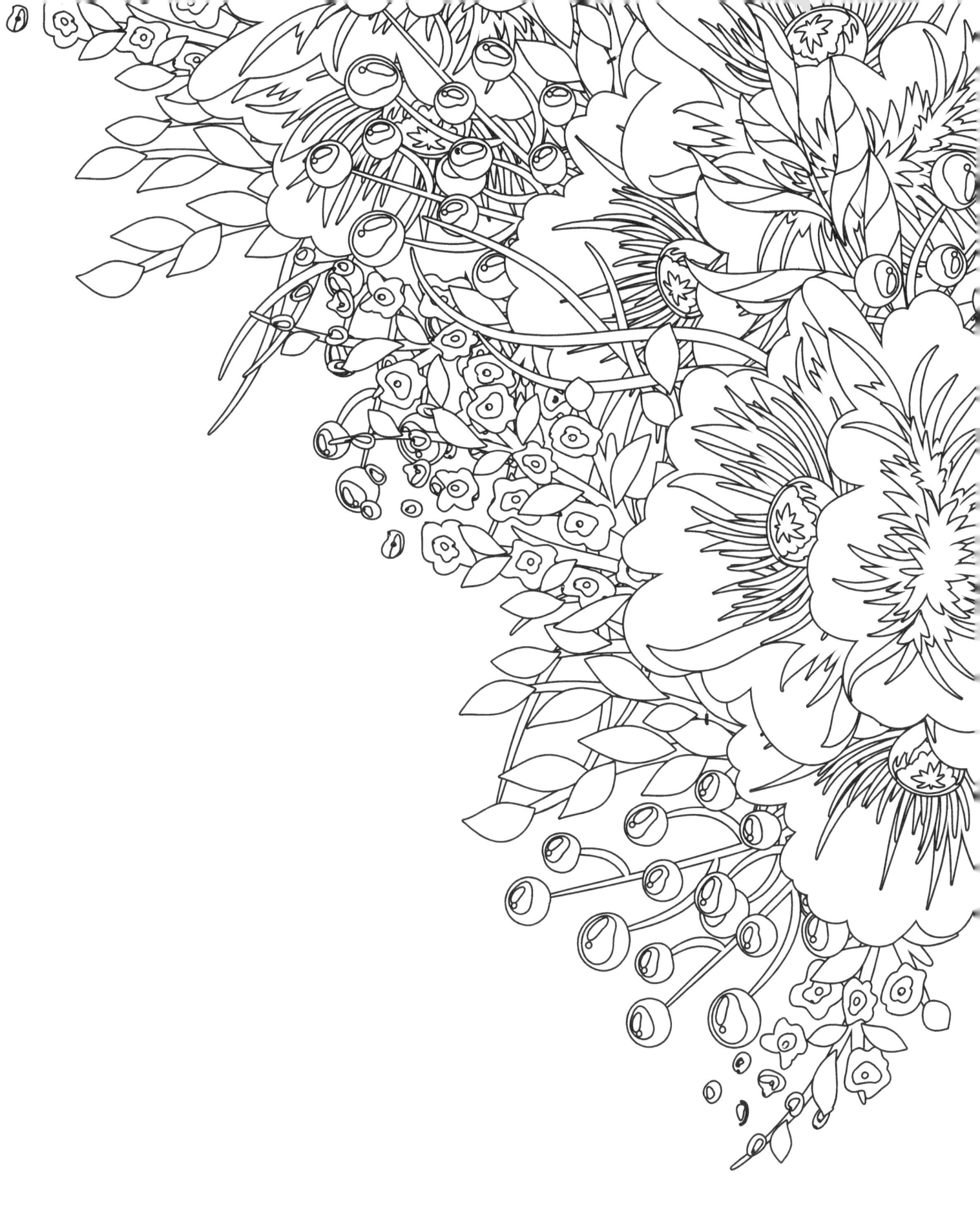

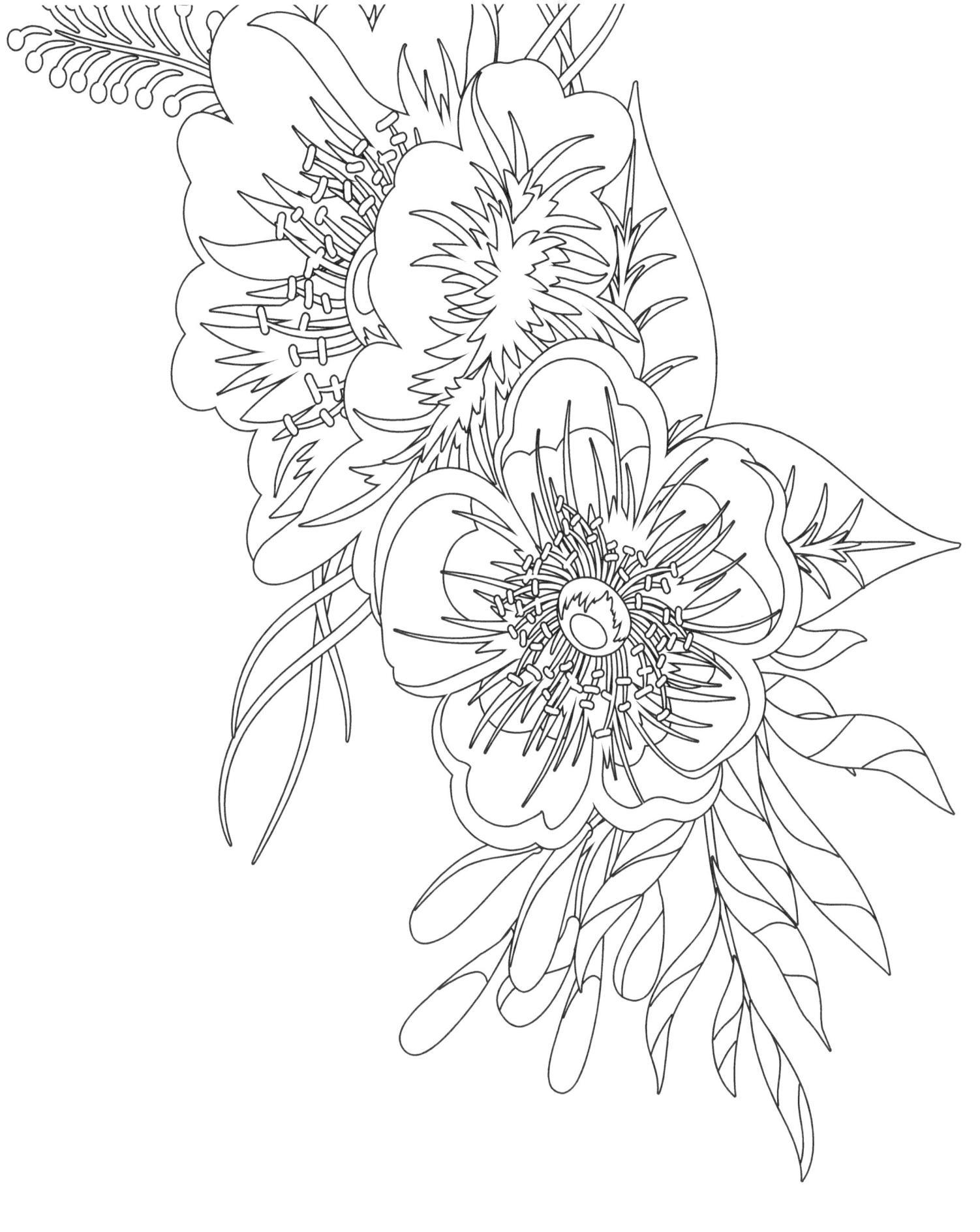

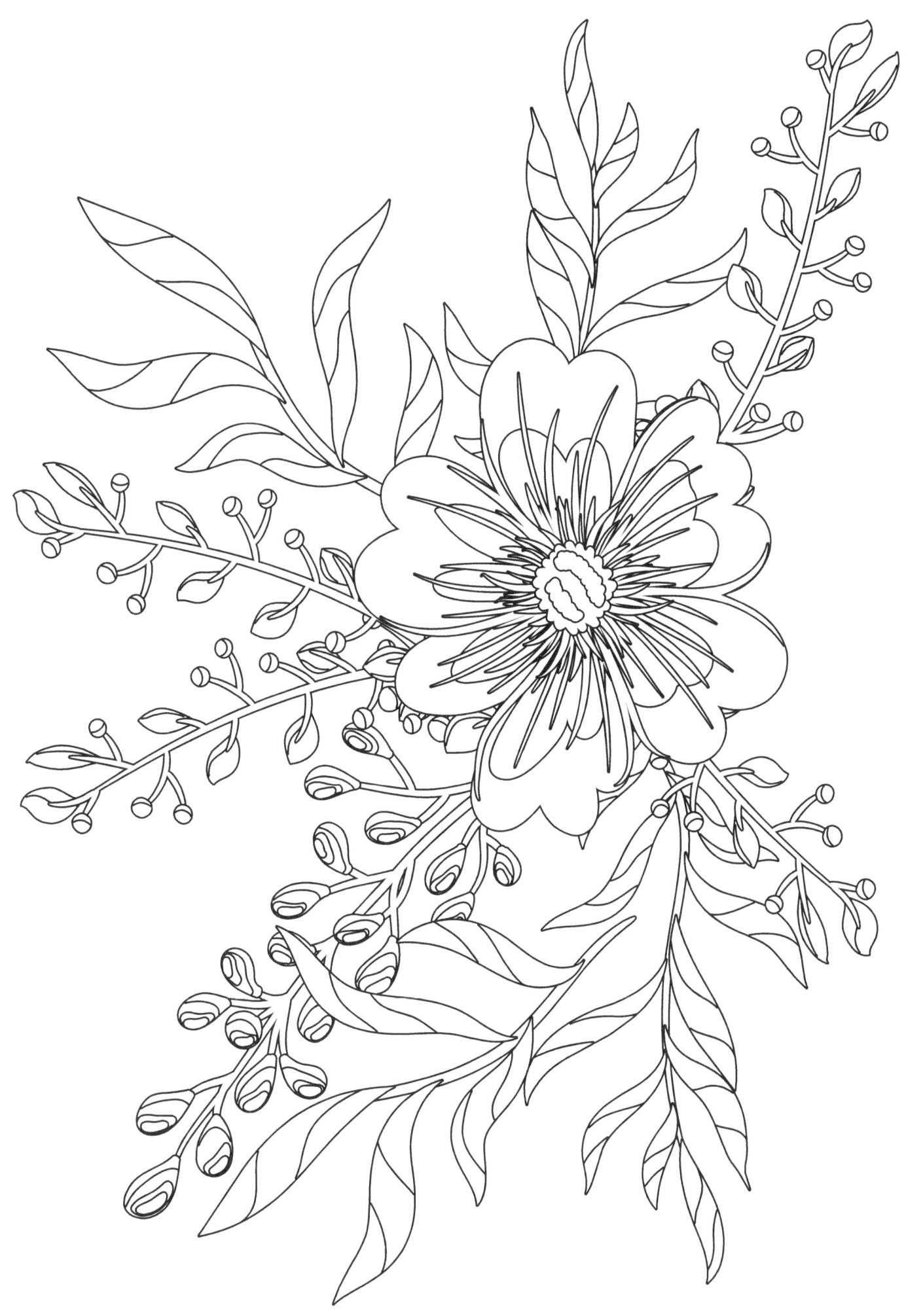

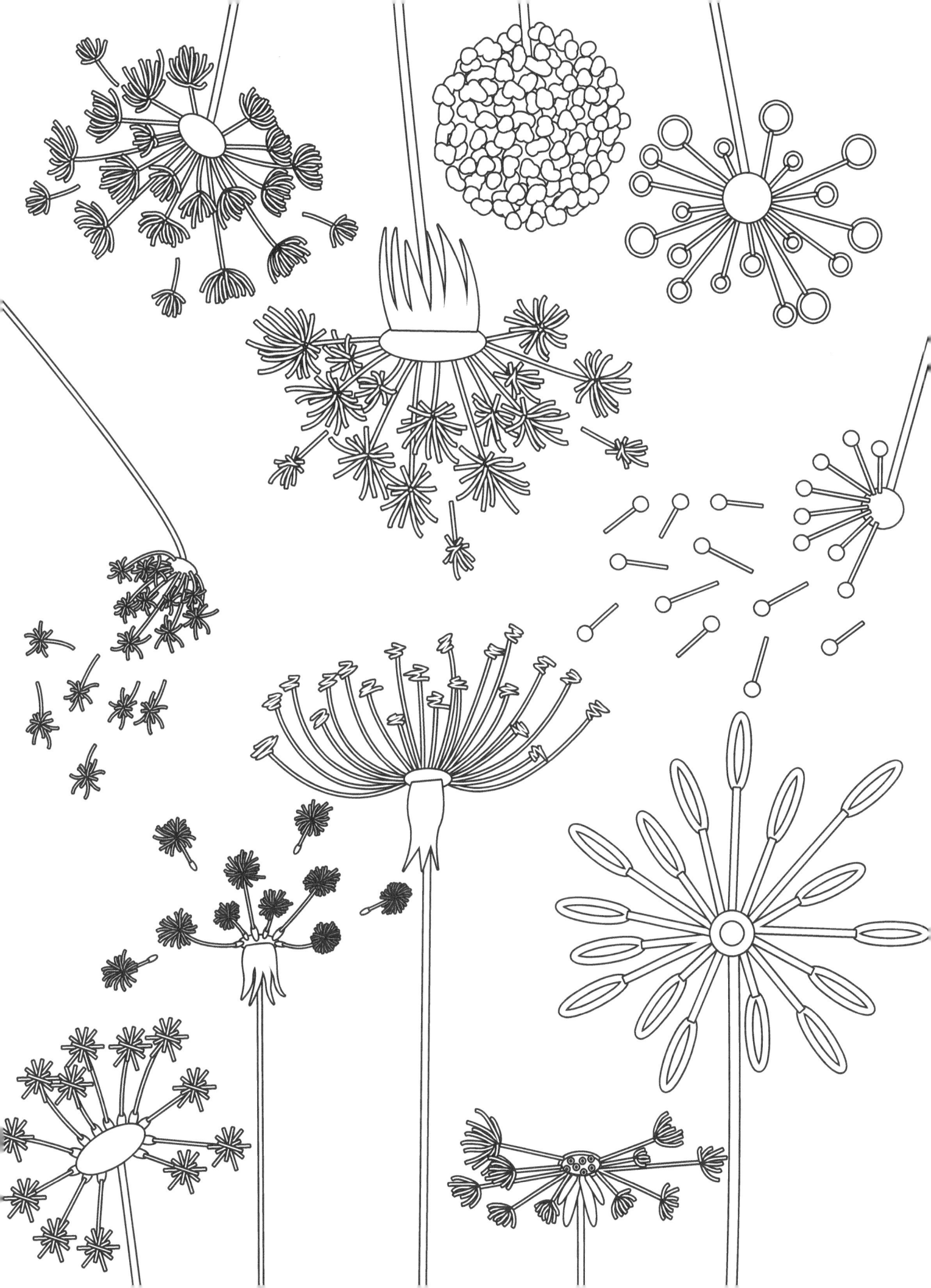

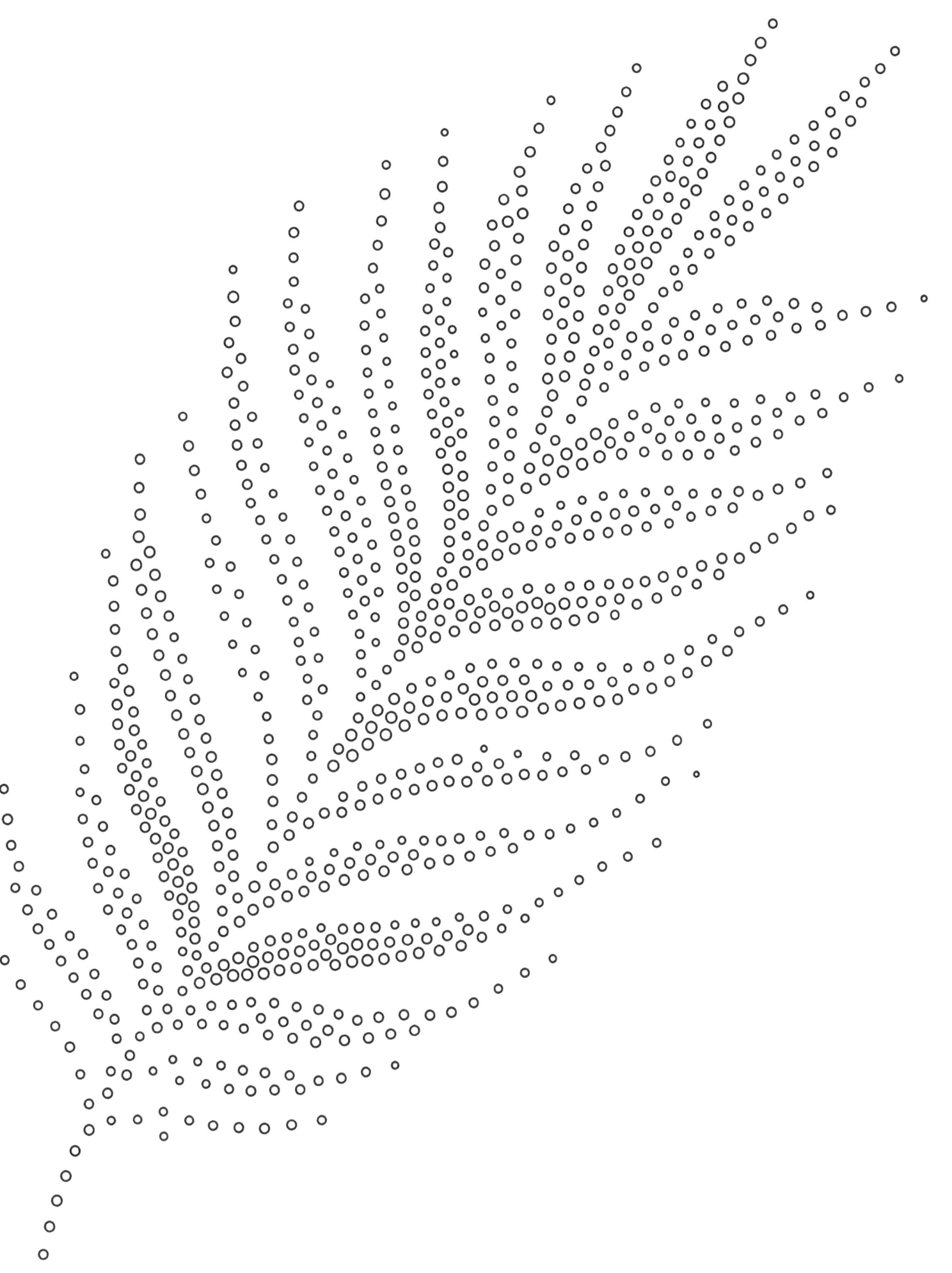

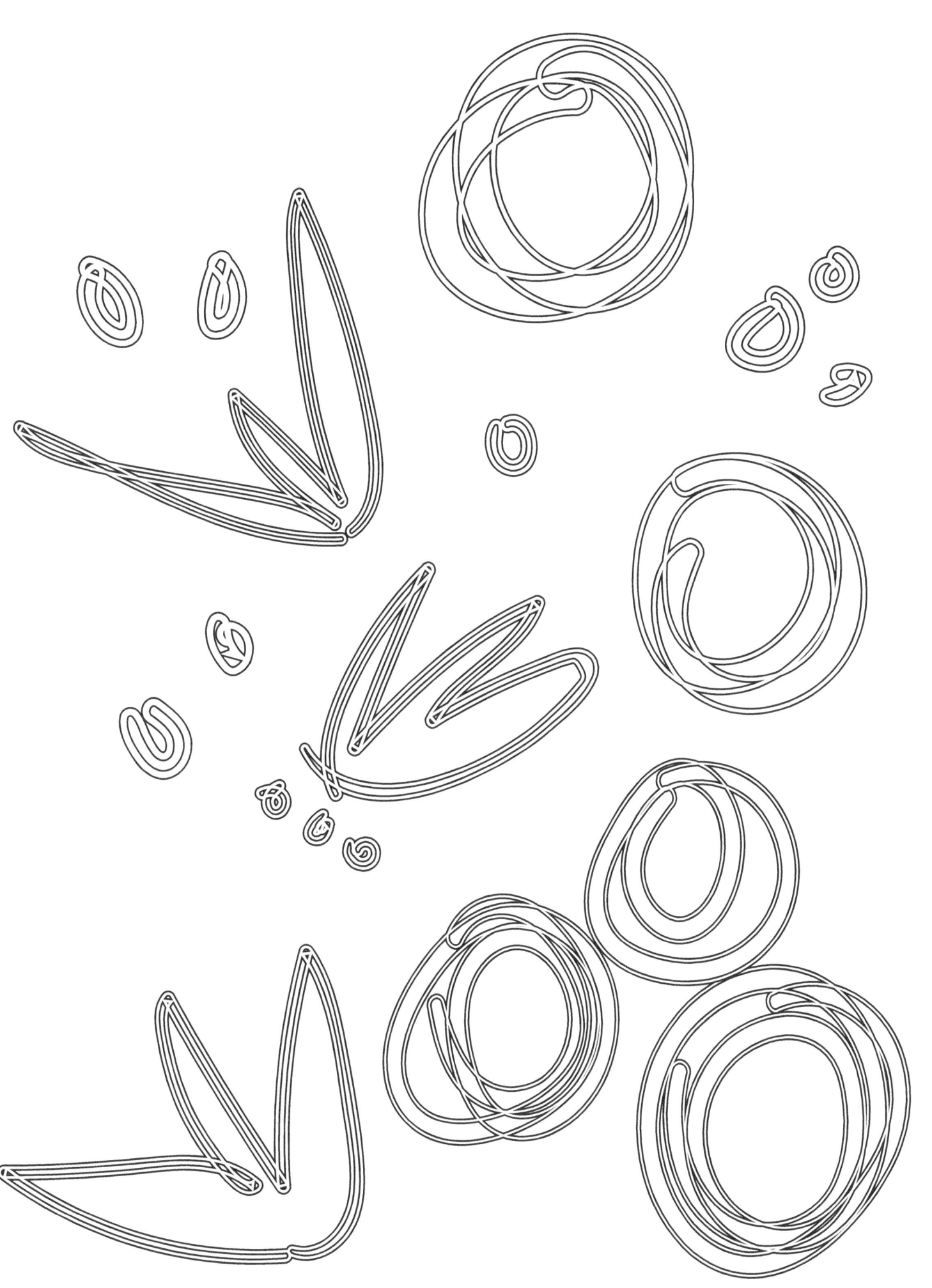

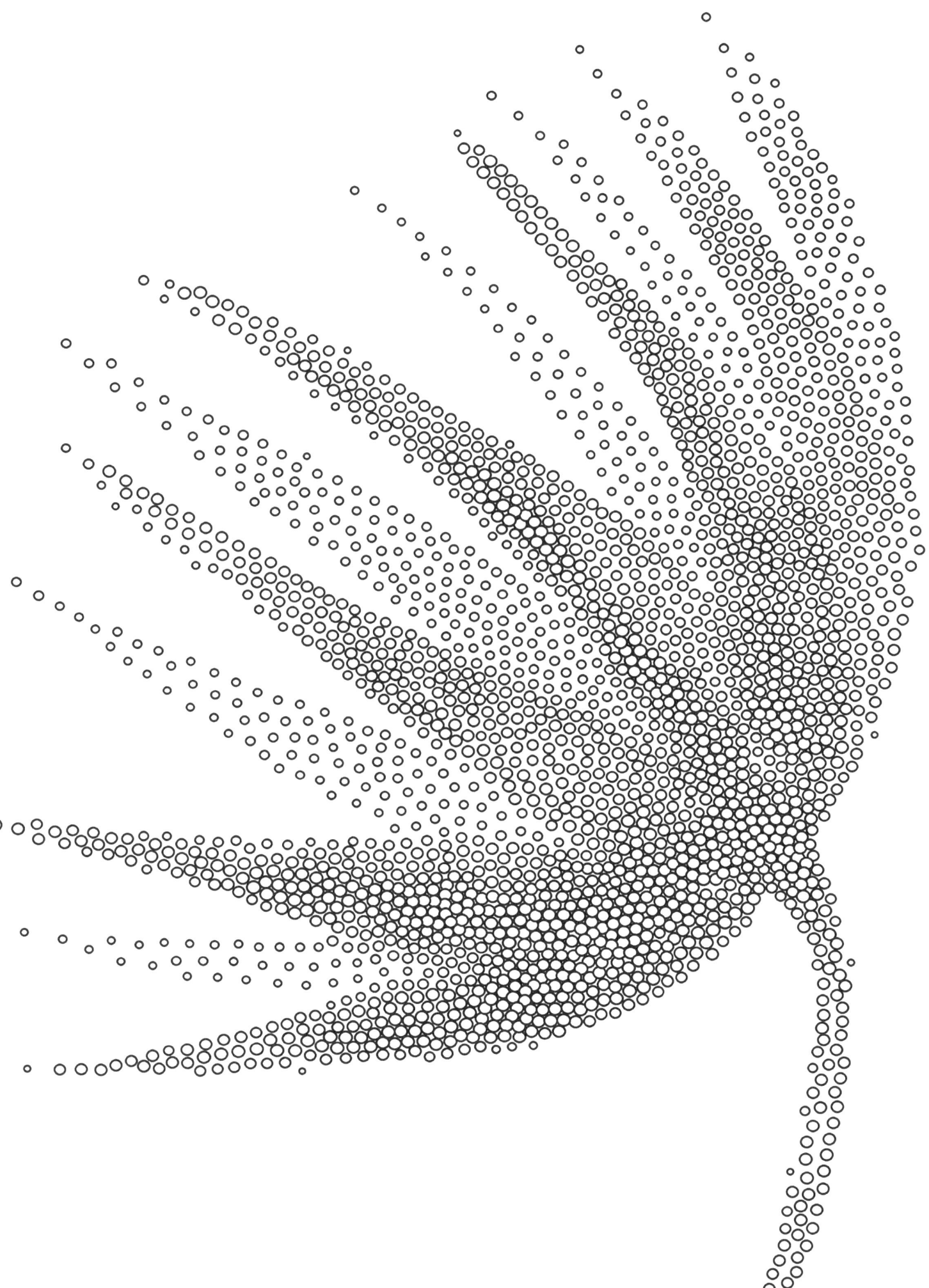

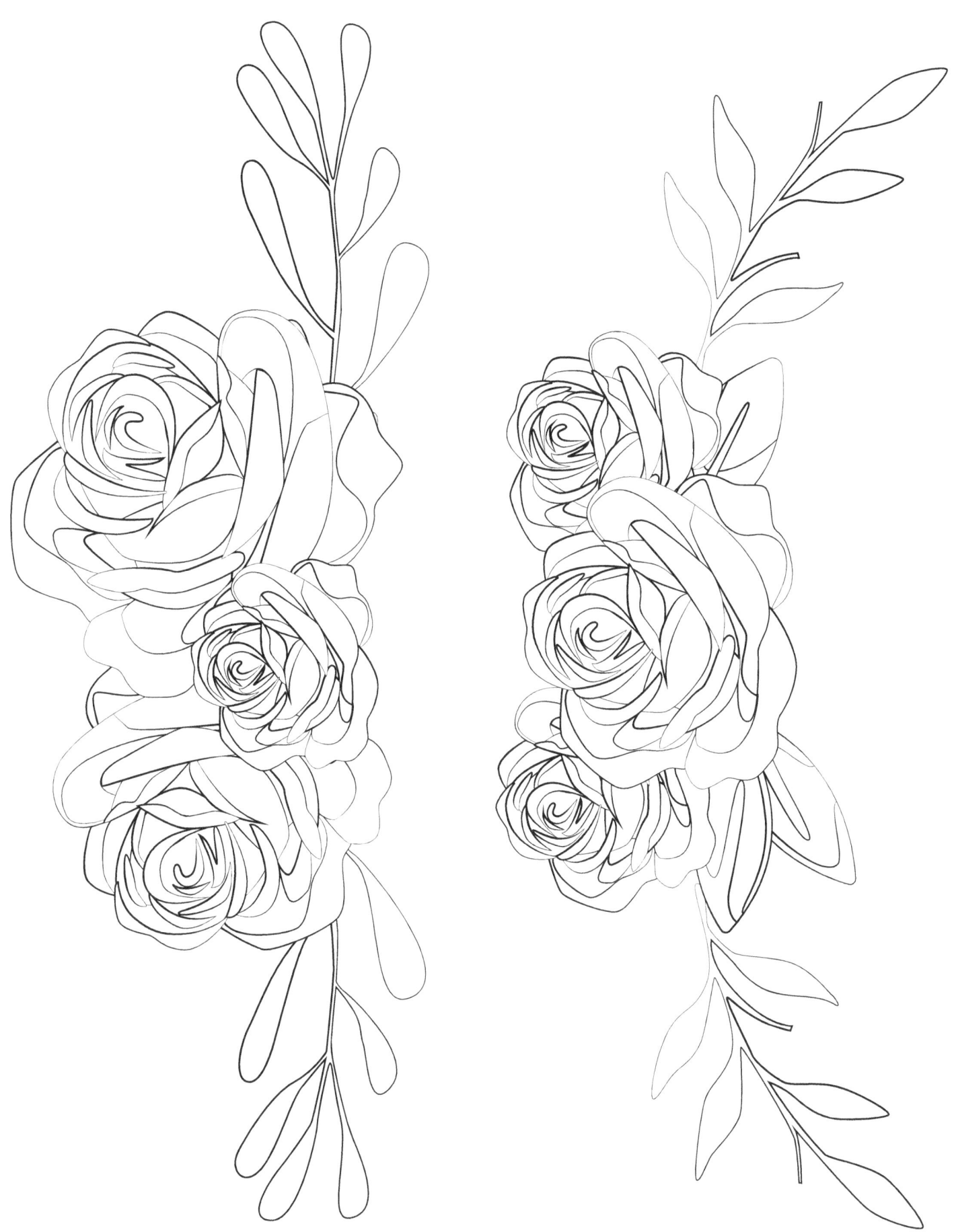

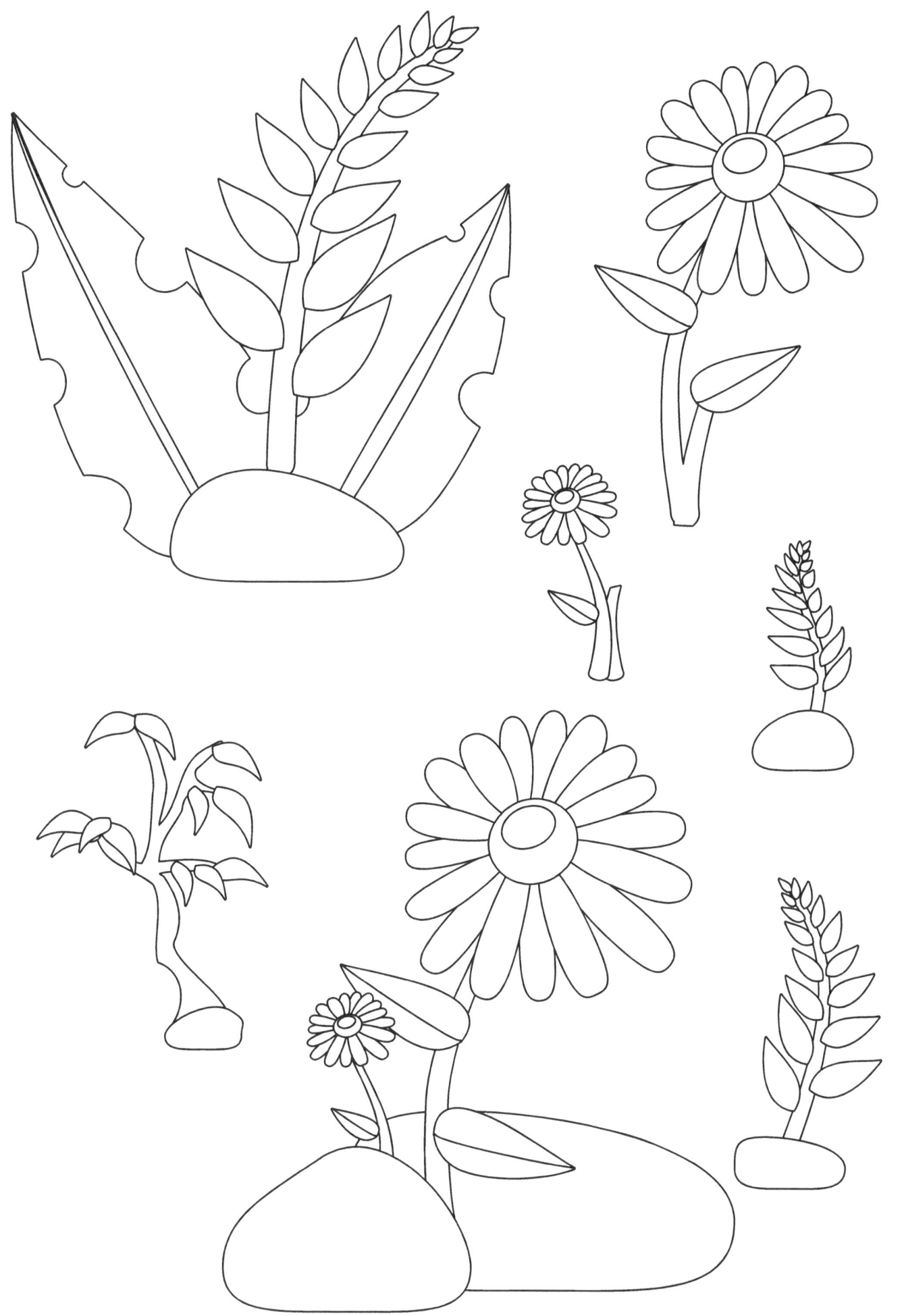

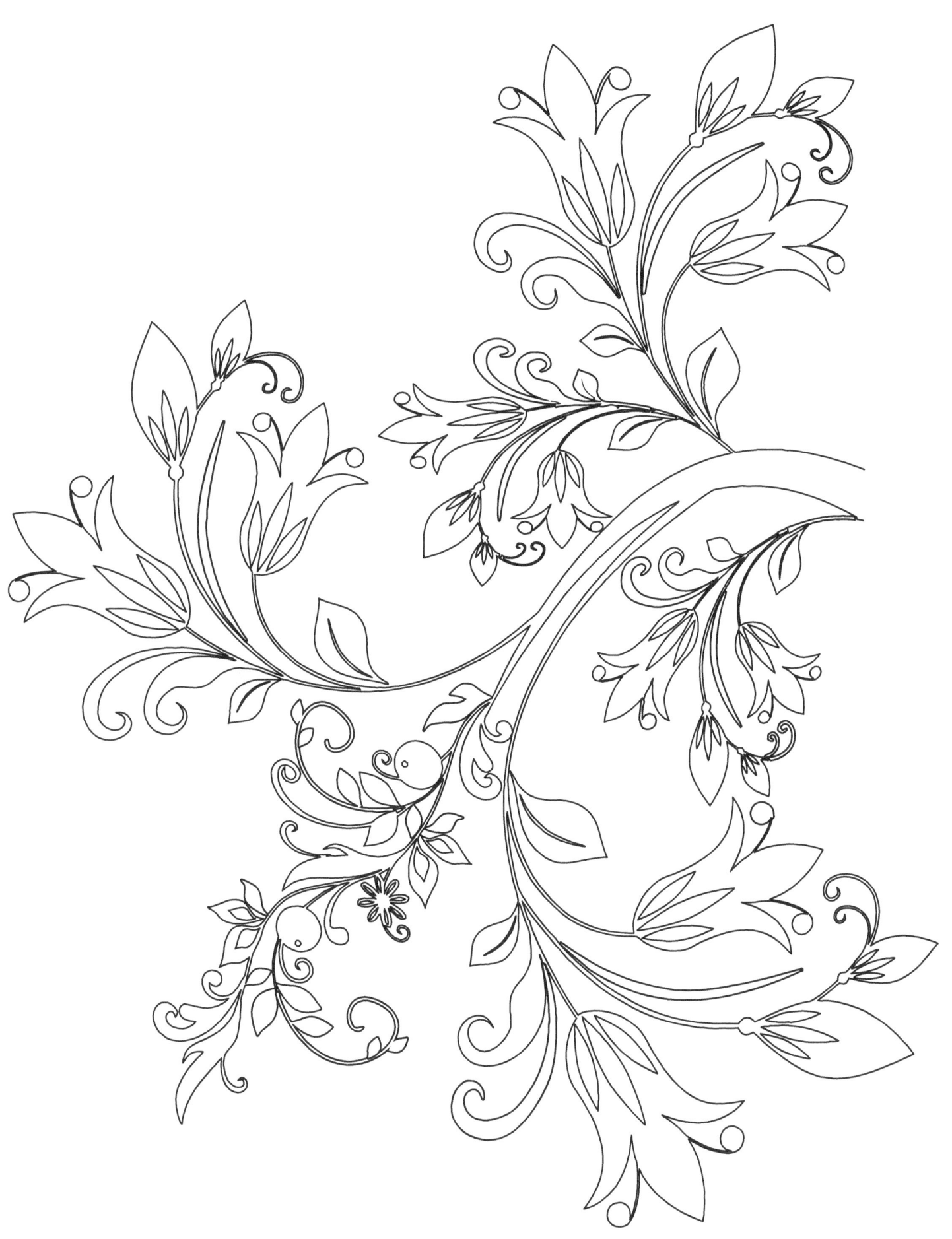

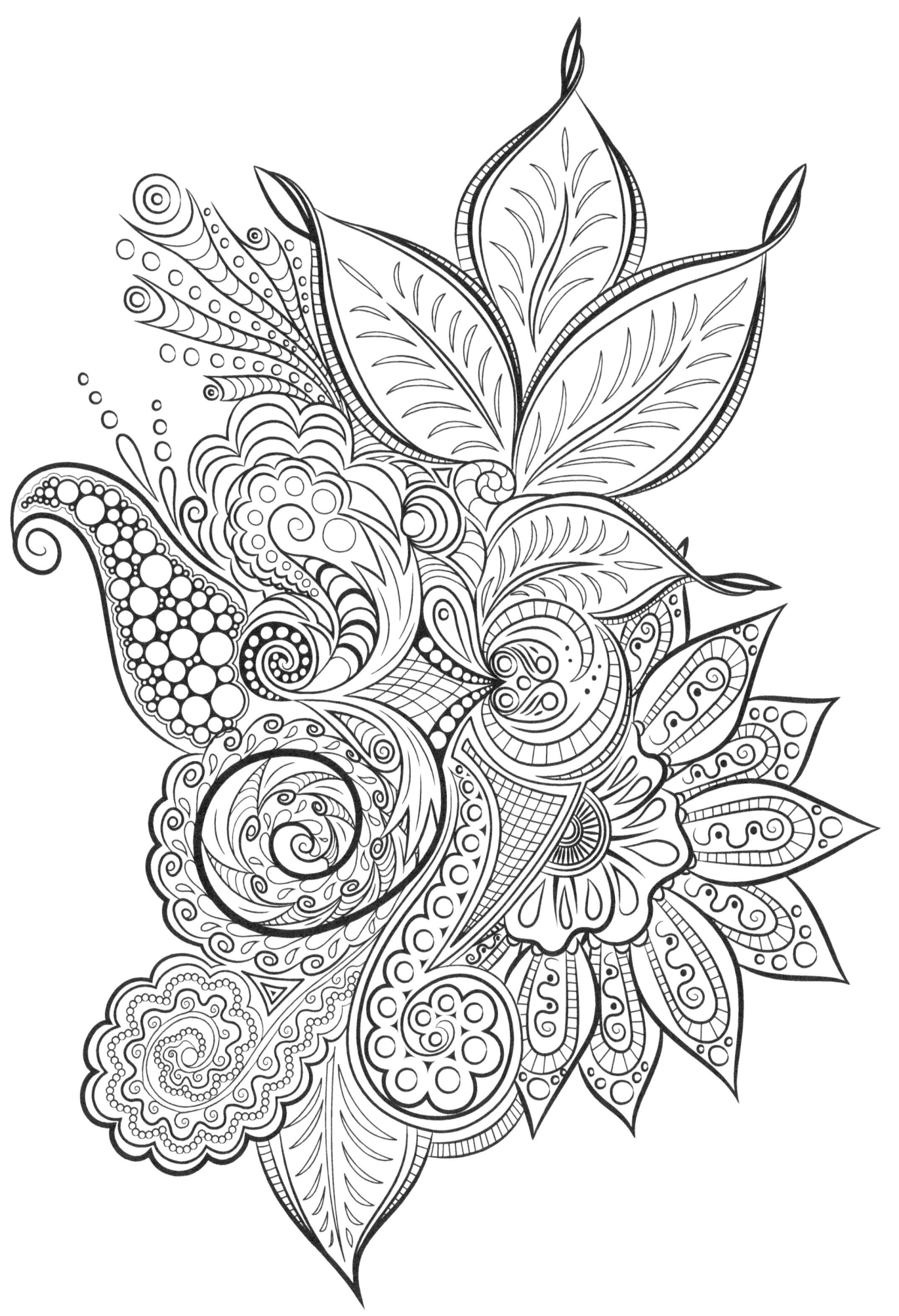

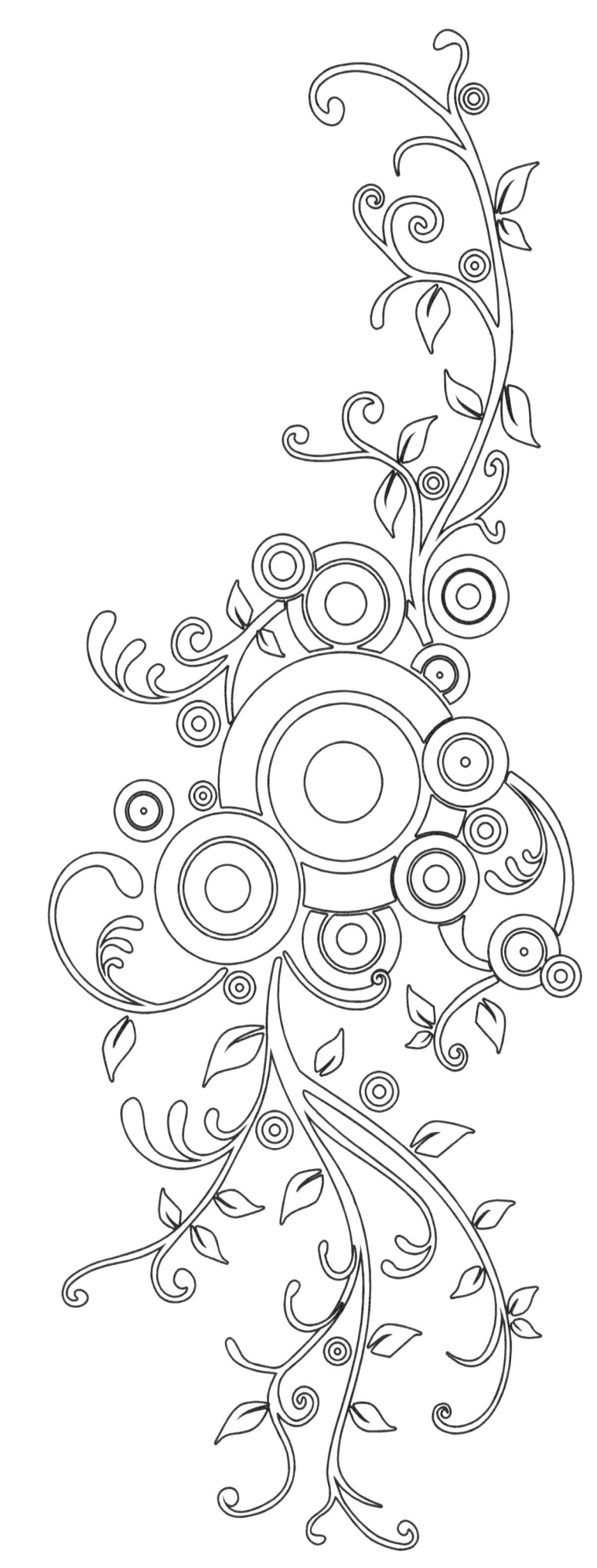

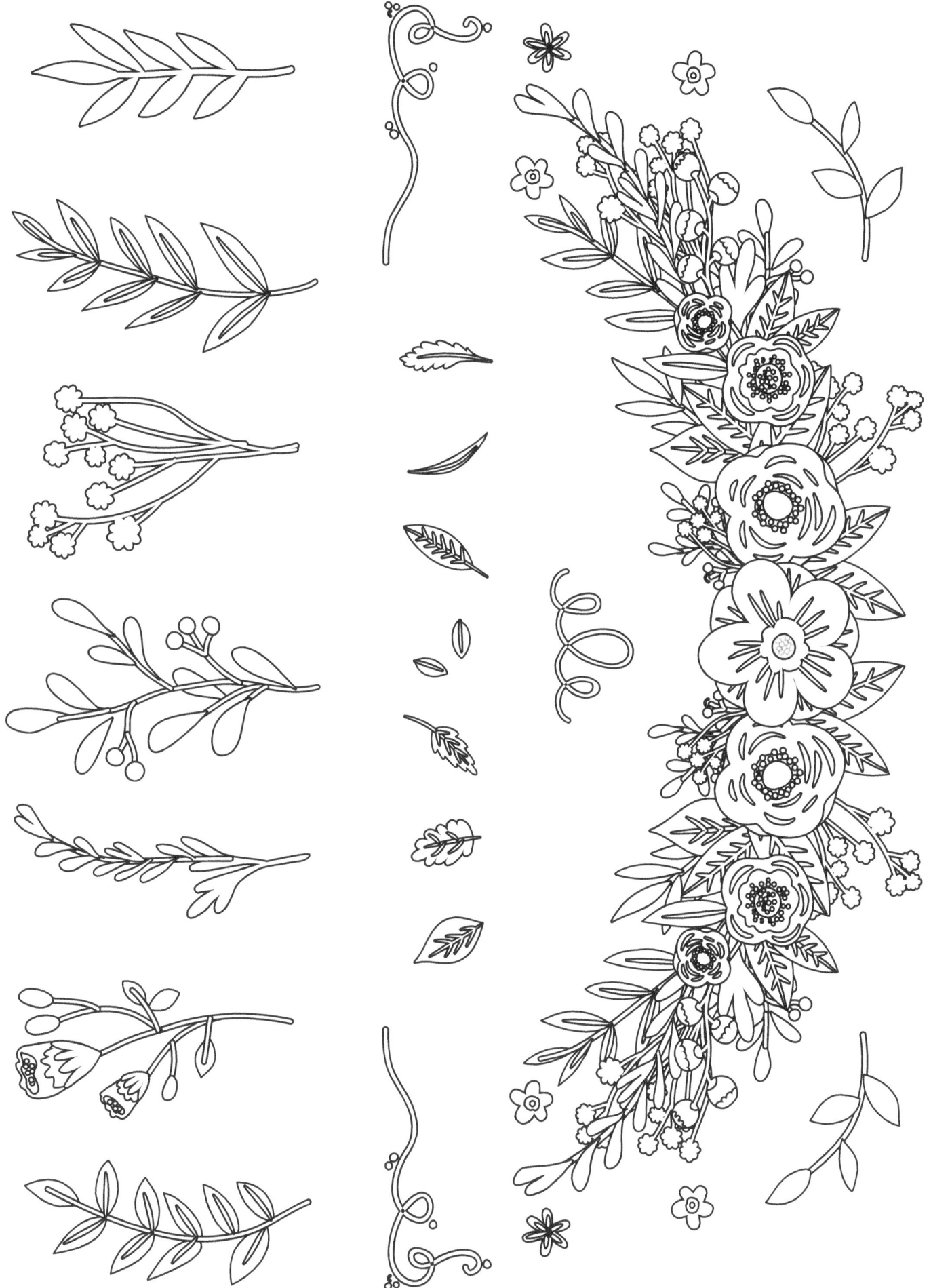

www.ingramcontent.com/pod-product-compliance
Lightning Source LLC
Chambersburg PA
CBHW081009170526

45158CB00010B/2971